중·고등학생을 위한
인공지능
교과서 2

천위쿤陳玉琨 책임편집
사이언스주니어인공지능연구회 옮김
AI PLUS 피지컬컴퓨팅교사연구회 감수

光文閣
www.kwangmoonkag.co.kr

편찬위원회

主 编
陈玉琨

执行主编
林达华　顾建军

编 委(第三册)
柏宏权　陈 晨　王若晖　任思捷　邹冬青　张 宇　常 磊

编 委(第四册)
柏宏权　张正夫　梁逸清　戴 娟　李南贤　常 磊

- 이 책은《人工智能入门》(第三册)과《人工智能入门》(第四册)을 묶어《인공지능 교과서 2권》으로 출판하였습니다.
- 《인공지능 입문(人工智能入门)》의 저자 센스타임(SenseTime, 北京市商汤科技开发有限公司)은 인공지능 기술 기업으로,
  "예제"와 "연습"을 위한 테스트 플랫폼(플랫폼은 유료)을 가지고 있습니다.
  《인공지능 입문(人工智能入门)》을 위한 교사용 교과용 책은 商务印书馆有限公司에서 추후 발간 예정입니다.
- 이 책의 "생각과 토론"은 학생이 생각과 토론을 통해 인공지능의 응용을 이해하도록 구성되었으며,
  "예제"와 "연습"에서 다루는 프로그래밍 실습과 소규모 프로젝트에 대한 실제적인 교육 플랫폼(SenseStudy)은
  센스타임(https://www.sensetime.com/)에서 가지고 있습니다.

감수의 글

어렸을 때 공상과학 소설에서 읽었고 얼마 전까지 영화 및 TV SF에서나 보와 왔던 여러 가지 것들이 언젠가부터 우리의 일상적인 생활용어로 자연스럽게 사용되고 다양한 매체를 통해서도 쉽게 접근할 수 있게 되었습니다. 인공지능의 분야는 알파고가 세상에 알려지기 전과 후가 너무나도 많은 변화가 되는 것을 알 수 있습니다.

일반적으로 사람과 기계를 구분하는 것은 사람은 깊이 생각을 할 수 있는 것이고, 기계는 단순한 계산과 저장이 뛰어나다고 하던 것에서 컴퓨터도 스스로 생각하고 사람과 같은 두뇌 역활을 한다는 점이 정말 놀라울 정도로 발전되어 간다고 하겠습니다.

인공지능은 제4차 산업혁명의 핵심 기술로 우리의 생활과 패턴에 많은 변화를 가져오고 국가의 미래 전략에서도 매우 중요한 글로벌 경쟁을 하는 현실에서 전 세계 수많은 국가와 기업이 뛰어들어 국가의 생존을 거는 경쟁을 한다고 봐도 과언은 아닐 것입니다.

가까운 중국이 내세운 목표 중 2030년까지 인공지능(AI) 분야에서 세계 1위로 도약하기 위한 목표를 삼아 중국의 정부 차원에서 인공지능 교재를 개발하고, 각 시범학교로 보급하여 인공지능의 교육에 힘을 쓰고 있고, 마침내 인공지능이 초·중·고 필수과목이 되어 가고 있는 것이 우리나라의 미래 교육으로는 정말 부러운 일이라 하겠습니다.

이 책은 중국 최고의 인공지능 플랫폼 기업 센스타임과 교육 전문가 및 중등학교의 우수한 교사들이 공동으로 개발하였습니다. 집필진은 교재를 개발한 목적을 "학생들이 과학자들처럼 사고할 수 있도록 인도하는 것"이라고 밝히고 있듯이, 인공지능은 가까운 미래에 우리나라 청소년들에게 반드시 필요한 교육임이 분명하다고 생각됩니다.

이 책은 인공지능을 배우고자 하는 학생들이면 한 번쯤은 인공지능에 대한 과학적 이론을 이해하도록 하고 처음부터 차근차근 인공지능 이론과 기본적인 능력을 활용할 수 있도록 총 9장으로 구성되어 있습니다.

그중 인공지능 개요, 간단한 프로그래밍, 머신 비전 소개, 이미지 처리와 분류, 음성 인식, 자연어 처리를 포함한 전체 내용이 풍부한 사진 자료와 함께 잘 설명되어 있습니다. 각 장은 다양한 관련된 그림 또는 생활 장면을 가지고 문제에 대한 사고를 통해 단계적으로 지식을 전달하고 있습니다.

현재의 인공지능은 우리의 생활에 깊숙이 파고들어 있으며, 이미 인공지능를 할 수 있는 인프라 구축이 매우 잘 되어 있습니다. 인공지능 기술은 컴퓨터 비전, 자연어 처리, 소리 및 음성 처리, 게임 이론과 윤리, 로봇공학 등의 분야에서 응용되고 있습니다. 자연어 처리 기술의 발전에 따라 언젠가는 우리가 외국인들과 소통할 때 인공지능이 우리의 말과 감정을 정확하게 전달하여 소통에 장애가 없는 날이 도래할 것입니다.

우리나라의 미래에 주역이 되는 청소년들에게 인공지능은 학생들이 가지려는 다양한 직업과 생활에 없어서는 안 될 필수적인 도구입니다. 이 책이 인공지능을 학습하는 초석이 되는 길잡이와 같은 책이 되리라 믿고 이 책을 추천합니다.

AI PLUS 피지컬컴퓨팅교사연구회

목차

제6장 자연어 처리
_지능형 영어 문장 분석

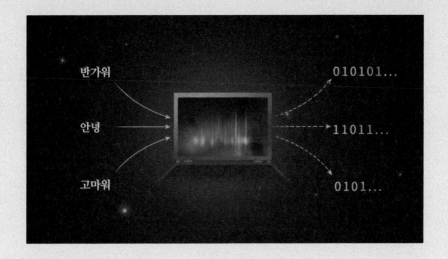

1950년 영국의 수학자이자 컴퓨터 과학자인 튜링(Alan M. Turing)은 기계가 지능을 가졌는지 판별하는 방법으로 튜링 테스트를 제시하였습니다. 만약 기계와 인간이 대화를 나누는 실험에서 기계와 인간을 구분하지 못하면 기계가 지능을 가졌다는 것이 증명된다는 것입니다. 이후 과학자들이 튜링 테스트로는 기계가 지능을 가졌는지 판별할 수 없다고 의문을 제기했지만, 자연어 처리는 인공지능의 주요 분야 중 하나라는 것은 분명합니다.

자연어 처리는 인간 사회에 존재하는 본연의 언어인 자연어를 다루며, 일상에서 사용하는 말과 이를 나타내는 문자를 포함합니다. 자연어는 인류 문명에서 기록과 정보를 전달하는 역할을 하며 문명의 연속과 발전에 중요한 의미를 가지고 있습니다.

만약 기계가 자연어를 정확하게 처리하고 적절한 반응을 할 수 있다면, 이러한 기술은 인공지능의 많은 분야에 응용될 수 있습니다.

사실 자연어 처리는 일상생활과 멀리 있는 것이 아닙니다. 번역 애플리케이션을 사용해 자신이 사용하는 언어로 뜻이 통하도록 말을 옮길 수 있고, 지능형 스피커로 이야기를 주고받을 수 있으며, 음성 명령으로 간단한 작업도 가능합니다. 뉴스 사이트는 관심사에 따라 연관된 주제의 기사를 추천합니다. 이러한 예시에는 모두 자연어 처리 기술이 응용되어 있습니다.

최근 지호는 자연어 처리 기술로 해결해야 하는 문제를 발견하였습니다. 관심을 가지고 찾아본 영어 문장들이 너무 어려워 컴퓨터로 영어 문장의 난이도를 자동으로 분석할 수 있을지에 대해 고민해 보았습니다. 물론 가능합니다.

본 장에서 자연어 처리에 대해 학습할 것이며, 지호를 도와 영어 문장의 난이도를 분석하는 작업도 진행할 것입니다.

9.1 컴퓨터로 텍스트 표시하기

컴퓨터는 숫자만 처리할 수 있습니다. 따라서 컴퓨터가 텍스트 데이터를 처리하려면 먼저 정수로 인코딩[1]을 해야 합니다. 영문 알파벳을 사용하는 대표적인 문자 인코딩은 미국 정보교환 표준부호(American Standard Code for Information Interchange)이며, 줄여서 ASCII 코드라고 합니다. ASCII 코드는 영어 알파벳, 숫자 0에서 9, 자주 쓰이는 특수 문자 및 제어 문자 등을 0에서 127까지의 정수를 사용하며, 컴퓨터에 파일을 저장할 때 먼저 문자나 부호를 대응하는 정수로 변환한 다음, 저장할 수 있습니다.

1) 인코딩(encoding): 사용자가 입력한 문자나 기호들을 컴퓨터가 이용할 수 있는 신호로 만드는 것

ASCII control characters				ASCII printable characters							Extended ASCII characters								
00	NULL	(Null character)		32	space	64	@	96	`		128	Ç	160	á	192	┗	224	Ó
01	SOH	(Start of Header)		33	!	65	A	97	a		129	ü	161	í	193	┴	225	ß
02	STX	(Start of Text)		34	"	66	B	98	b		130	é	162	ó	194	┬	226	Ô
03	ETX	(End of Text)		35	#	67	C	99	c		131	â	163	ú	195	├	227	Ò
04	EOT	(End of Trans.)		36	$	68	D	100	d		132	ä	164	ñ	196	─	228	õ
05	ENQ	(Enquiry)		37	%	69	E	101	e		133	à	165	Ñ	197	┼	229	Õ
06	ACK	(Acknowledgement)		38	&	70	F	102	f		134	å	166	ª	198	ã	230	µ
07	BEL	(Bell)		39	'	71	G	103	g		135	ç	167	º	199	Ã	231	þ
08	BS	(Backspace)		40	(	72	H	104	h		136	ê	168	¿	200	┗	232	Þ
09	HT	(Horizontal Tab)		41	)	73	I	105	i		137	ë	169	®	201	┏	233	Ú
10	LF	(Line feed)		42	*	74	J	106	j		138	è	170	¬	202	┻	234	Û
11	VT	(Vertical Tab)		43	+	75	K	107	k		139	ï	171	½	203	┳	235	Ù
12	FF	(Form feed)		44	,	76	L	108	l		140	î	172	¼	204	┣	236	ý
13	CR	(Carriage return)		45	-	77	M	109	m		141	ì	173	¡	205	═	237	Ý
14	SO	(Shift Out)		46	.	78	N	110	n		142	Ä	174	«	206	╬	238	¯
15	SI	(Shift In)		47	/	79	O	111	o		143	Å	175	»	207	¤	239	´
16	DLE	(Data link escape)		48	0	80	P	112	p		144	É	176	░	208	ð	240	≡
17	DC1	(Device control 1)		49	1	81	Q	113	q		145	æ	177	▒	209	Ð	241	±
18	DC2	(Device control 2)		50	2	82	R	114	r		146	Æ	178	▓	210	Ê	242	‗
19	DC3	(Device control 3)		51	3	83	S	115	s		147	ô	179	│	211	Ë	243	¾
20	DC4	(Device control 4)		52	4	84	T	116	t		148	ö	180	┤	212	È	244	¶
21	NAK	(Negative acknowl.)		53	5	85	U	117	u		149	ò	181	Á	213	ı	245	§
22	SYN	(Synchronous idle)		54	6	86	V	118	v		150	û	182	Â	214	Í	246	÷
23	ETB	(End of trans. block)		55	7	87	W	119	w		151	ù	183	À	215	Î	247	¸
24	CAN	(Cancel)		56	8	88	X	120	x		152	ÿ	184	©	216	Ï	248	°
25	EM	(End of medium)		57	9	89	Y	121	y		153	Ö	185	╣	217	┘	249	¨
26	SUB	(Substitute)		58	:	90	Z	122	z		154	Ü	186	║	218	┌	250	·
27	ESC	(Escape)		59	;	91	[	123	{		155	ø	187	╗	219	█	251	¹
28	FS	(File separator)		60	<	92	\	124	|		156	£	188	╝	220	▄	252	³
29	GS	(Group separator)		61	=	93	]	125	}		157	Ø	189	¢	221	▌	253	²
30	RS	(Record separator)		62	>	94	^	126	~		158	×	190	¥	222	▐	254	■
31	US	(Unit separator)		63	?	95	_				159	ƒ	191	┐	223	▀	255	nbsp
127	DEL	(Delete)																

[그림 6-1] 미국 정보교환 표준부호

이렇게 문자나 부호를 정수로 변환하는 것을 직접 찾아서 변환할 필요는 없습니다. 실제 프로그램을 작성할 때, 파이썬(Python)의 문자열 형식으로 텍스트(text)를 간단히 표현하고 처리할 수 있습니다.

파이썬에서는 텍스트를 큰따옴표나 작은따옴표로 묶어 문자열을 만들 수 있습니다.

```
string = "Hello World!"
```

string에 저장된 문자열은 "Hello World!"입니다. print 함수를 사용하여 이 문자열을 모니터에 출력할 수 있습니다.

```
print(string)
```

연습

문자열을 만들고, 출력해 보시오.

단원 정리

이 절에서는 먼저 컴퓨터에 텍스트를 표시하고 저장하는 방법을 소개하였고, 일반적으로 사용되고 있는 인코딩 방식인 ASCII 코드를 설명하였습니다. 그리고 파이썬에서 문자열 형식의 변수를 만들고 출력하는 방법도 소개하였습니다. 이러한 지식들은 다음에 배우게 되는 텍스트 데이터 처리를 위한 기초가 될 것입니다.

[자체 평가]

학습 내용	학습 평가		
컴퓨터에 텍스트 표시	☐ 매우 우수	☐ 우수	☐ 보통
문자열 만들기와 출력	☐ 매우 우수	☐ 우수	☐ 보통

9.2 텍스트의 입력과 처리

텍스트 입력

앞 절에서는 텍스트를 따옴표로 묶어 문자열로 처리하는 방식을 소개하였습니다. 하지만 대량의 텍스트를 분석할 때 모든 텍스트를 프로그램에 작성하는 것은 불편합니다. 텍스트를 파일에 저장하고, 필요할 때마다 해당 파일에서 읽을 수 있습니다. 그렇다면 이러한 기능을 어떻게 구현할까요? SenseStudy는 이러한 기능을 구현할 수 있는 readtext 함수를 제공합니다. 이 함수는 파일 경로를 나타내는 문자열을 매개변수로 가져와서 텍스트 파일의 전체 내용을 문자열로 반환합니다.

예제

1. 텍스트 파일을 새로 만들어 파일명을 text.txt라 하고, 영어 문장을 입력한 뒤, 파일을 저장하고 닫으시오.

2. readtext 함수를 이용하여 text.txt 내용을 열고 출력하시오.

프로그램 예:

```
text = nlp.readtext("/path/to/text.txt")   # 파일의 내용 불러오기
print(text)                                # 문자열 출력하기
# 출력: 경로가 /path/to/text.txt인 텍스트 파일의 전체 내용
```

텍스트 파일의 내용을 읽을 수 있으면 새로운 텍스트의 내용으로 텍스트 파일을 만들 수 있습니다. SenseStudy가 제공한 writetext 함수로 문자열을 텍스트 파일에 기록할 수 있습니다. 이 함수에는 두 가지 매개변수가 있습니다. 하나는 입력한 텍스트 데이터인 문자열이고, 다른 하나는 저장할 텍스트 파일의 경로를 나타내는 문자열입니다.

예제

3. writetext 함수를 사용하여 문자열을 text_1.txt에 기록하시오.

프로그램 예:

```
text = "narae"                    #문자열 만들기
nlp.writetext(text, "/path/to/text_1.txt")   # 문자열 저장
```

유의사항: /path/to/text_1.txt 파일이 있다면 writetext는 이전의 내용을 덮어쓴다. /path/to/text_1.txt 파일이 없다면 writetext는 파일을 새로 만든다.

4. readtext 함수를 사용하여 text_1.txt의 내용을 읽은 다음, 출력하여 내용이 앞 단계에서 작성된 텍스트인지 확인하시오.

프로그램 예:

```
text_1 = nlp.readtext("/path/to/text_1.txt")   # 파일 읽기
print(text_1)                      # 문자열 출력하기
# 출력: "narae"
```

단어 분할

단어는 말의 뜻을 전달하는 최소 단위입니다. 단어는 문장을 구성하고, 문장은 단락을 구성하며, 단락은 또 완전한 글을 구성합니다. 단어는 벽돌이나 기와와 같이 문장의 기초가 됩니다. 따라서 문장을 볼 때 뇌는 자동적으로 문장을 여러 개의 단어로 나눕니다. 즉 단어를 분할합니다. 아래와 같은 생각과 토론으로 문장을 분석하는 데 있어 단어 분할의 중요성을 이해할 수 있습니다.

생각과 토론

1. 아래는 단어 사이의 띄어쓰기를 하지 않은 문장입니다. 의미를 해석해 봅시다.
   everyoneisgoodatsomethingbutsomepeoplearetrulytalented.
2. 단어 사이에 띄어쓰기를 한 다음, 다시 해석해 봅시다.
   everyone is good at something, but some people are truly talented.

단어 분할은 어떠한 문장을 분석하는 것과 똑같이 중요합니다. 컴퓨터가 자동으로 영어 문장의 난이도를 분석하려면 먼저 단어 분할부터 배워야 합니다. 영어는 띄어쓰기, 기호로 서로 다른 단어를 구분할 수 있습니다. SenseStudy는 영어 문장에서 단어 분할 기능을 구현할 수 있는 *splitwords* 함수를 제공합니다. 문자열을 splitwords 함수에 입력하면 자동으로 단어 분할을 구현할 수 있습니다.

예제

1. splitwords 함수를 사용하여 아래 문장의 단어를 분할해 보시오.
everyone is good at something, but some people are truly talented.

프로그램 예:

```
text_2 = "everyone is good at something, but some people
are truly talented."
words = nlp.splitwords(text_2)        # 단어 분할
print(words)                          # 단어 분할 결과 출력
# 출력: ["everyone", "is", "good", "at", "something", "but",
"some", "people", "are", "truly", "talented"]
```

목록(List)

만약 텍스트를 종이 위에 적는다면 단어 분할을 하는 과정은 단어 들을 하나씩 오려내는 것입니다. 오려낸 종잇조각에는 각각 한 개의 단어가 들어 있게 됩니다.

[그림 6-2]
단어 분할의 결과
– 단어 조각

각각의 단어를 오려내는 목적은 단어와 단어를 명확히 구분하기 위해서입니다. 그러므로 [그림 6-2]와 같이 무질서하게 쌓아 두면 안 됩니다. 그렇다면 어떻게 한 장씩 따로 보관할 수 있을까요? 아래 그림과 같은 사물함을 예로 들어보겠습니다.

[그림 6-3] 사물함

사물함에는 여러 개의 작은 서랍이 있는데 서랍마다 독립적인 공간이 있으며, 그 안에 물건을 보관할 수 있습니다. 사물함에 물건을 보관하는 것은 다음과 같은 특징이 있습니다.

물건을 각각 다른 서랍에 보관하므로 뒤섞이지 않습니다. 또 물건을 꺼내려 할 때 몇 번째 서랍에 있는지만 알면 됩니다.

단어 분할로 얻은 단어 조각들을 서랍에 저장하여 간단하게 구분할 수 있으며, 필요할 때마다 쉽게 꺼내서 사용할 수 있습니다.

사물함은 이처럼 사용하기 편리합니다. 그러면 파이썬에도 이와 비슷한 기능이 있을까요? 당연히 있습니다. 목록(list)이 바로 이러한 자료형(data type)입니다.

목록은 순서가 있는 자료형으로 그 안에 일률적으로 이어진 위치가 있습니다. 각각의 위치는 하나의 값을 수용하는데, 이를 요소라고 부릅니다. 앞에서 소개한 splitwords 함수가 반환하는 것이 바로 목록이며, 그 속에 포함한 각 요소는 텍스트의 단어 분할로 얻은 단어입니다.

목록은 파이썬에서 매우 중요한 자료형이며, 본 장에서 구현할 프로그램의 기초입니다. 목록을 다루는 여러가지 방법을 배우게 될 것입니다. 쉼표로 요소를 구분하고, 요소들을 괄호로 묶어서 아래와 같은 목록을 만들 수 있습니다.

변수 = [요소 1, 요소 2, …]

목록을 만드는 과정은 사물함에 물건을 보관하는 것과 같습니다. 아래의 목록에는 0으로부터 시작하는 6개의 위치가 있는데, 각각 요소를 가집니다.

[표 6-1] 목록(list)의 위치와 요소

위치 1	위치 2	위치 3	위치 4	위치 5	위치 6
요소 0	요소 1	요소 2	요소 3	요소 4	요소 5

예제

목록을 만들고, 저장할 내용을 작성하시오.

```
list_1 = [1, 3, 5]
list_2 = [1, 'a', ['3.14', 1.5], 'bc']
```

사물함의 세 번째 서랍의 물건을 사용하고자 한다면, 바로 열어서 물건을 꺼내면 됩니다. 이와 같이 목록에서 세 번째에 위치한 요소를 불러오고자 한다면, 아래와 같이 목록 대상의 뒤의 괄호 안에 위치 매개변수를 넣은 표현식을 사용하면 됩니다.

목록 대상[위치 매개변수]

위치 매개변수는 0부터 시작합니다. 즉 첫 번째 요소의 위치 매개변수는 0입니다. 또한, 위치 매개변수를 음수로 표시할 수 있으며, 목록의 마지막 위치는 −1이고, 마지막으로부터 두 번째 위치는 −2입니다.

특정 위치의 요소를 바꾸려면, 위의 표현식을 등호의 왼쪽에 놓고, 등호 오른쪽에 새로운 요소를 두면 됩니다.

목록 대상[위치 매개변수] = 새로운 요소

예제

1. 목록을 새로 만들고, 첫 번째 요소를 출력해 보시오. (0에 위치한 요소)

프로그램 예:

```
list = [1, 3, 5, 7, 9, 11]
print(list[0])    # 첫 번째 요소 출력
# 출력: 1
```

2. 마지막 위치에 있는 요소를 수정하시오.

프로그램 예:

```
# 리스트의 마지막 위치에 있는 요소를 수정한다.
list[-1] = 0
```

사물함은 눈으로 볼 수 있고, 만질 수도 있으므로 서랍의 개수를 확인할 수 있습니다. 목록은 컴퓨터에 저장되어 있는데, 어떻게 요소의 수를 알 수 있을까요? len 함수로 목록의 요소 수를 가져올 수 있습니다.

len(목록 대상)

예제

1. 목록을 만들고, 요소의 수를 출력해 보시오.

```
list = [1, 3, 5, 7, 9, 11]
print(len(list))
```

사물함을 사용할 때 순차적으로 서랍을 열어 내용물을 사용할 수 있습니다. 이와 같이 순차적으로 목록에서 요소를 불러올 수 있으며, 방법은 간단합니다.

아래와 같이 파이썬의 for 반복문을 사용하면 됩니다.

목록 대상:

　　반복문 본체

위의 코드는 각 반복(loop)에서 순차적으로 목록의 요소를 가져와서 변수 item에 할당하고, 반복문 본체(loop body)에서 item을 사용합니다.

(변수의 명칭은 임의로 정하면 되며, 반드시 item이라고 정할 필요는 없습니다)

예제

목록을 만들고, for 반복문을 사용하여 각 요소를 출력하시오.

```
list = [1, 3, 5, 7, 9, 11]    # 목록 만들기
```

```
# for 반복문을 사용하여 목록 요소를 하나씩 가져오기
for item in list:
    print(item)
    # 출력: 1
    # 출력: 3
    # 출력: 5
    # 출력: 7
    # 출력: 9
    # 출력: 11
```

목록에서 자주 사용하는 반복 처리 방법에 익숙해지면 단어 분할로 얻은 단어 목록을 간단하게 분석하고 처리할 수 있습니다.

마지막으로 다음 연습에서 지금까지 배운 내용을 복습해 봅시다.

연습

1. 아래의 문장을 단어 분할하여 단어 목록을 만들어 보시오.
   everyone is good at something, but some people are truly talented.

2. 이 문장의 분할된 단어 개수를 출력하시오.

3. 순차적으로 문장의 분할된 각 단어를 출력하시오.

단원 정리

이 절에서는 문자열을 얻을 수 있는 다른 방법을 소개하였습니다.

문자열을 텍스트 파일에서 읽는 방법은 대량의 텍스트 데이터를 처리할 때 효과적입니다. 또한, 단어 분할이 텍스트 데이터 분석에 어떤 영향을 주는지 설명하였고, 간단한 단어 분할 방법을 제시하였습니다. 단어 분할의 결과는 단어 목록입니다. 그리고 마지막에 목록 유형에 자주 사용하는 방법을 소개하였습니다.

[자체 평가]

학습 내용	학습 평가		
텍스트 입력	☐ 매우 우수	☐ 우수	☐ 보통
단어 분할	☐ 매우 우수	☐ 우수	☐ 보통
목록 유형 다루기	☐ 매우 우수	☐ 우수	☐ 보통

9.3 단어 빈도 사전 만들기

단어 빈도(Term Frequency)

단어 분할을 실행해서 문장을 제일 작은 의미를 가진 단위인 단어로 분할할 수 있습니다. 여러 단어를 일정한 순서로 조합하면 특정한 의미를 나타낼 수 있습니다.

이러한 관점에서 문장의 의미 또는 숨겨진 의미를 판단하려고 할 때 구성된 단어만으로 분석할 수 있을까요?

생각과 토론

1. 다음은 두 편의 글에서 가져온 단락입니다. 어떤 단락이 더 어려운지 판단해 봅시다.

> Today's story is about Zhu Hui, a student from Shenzhen. He's now studying in the United States. He's living with an American family in New York. Today is the Dragon Boat Festival. It's 9:00 a.m. and Zhu Hui's family are at home. His mom and aunt are making *zongzi*. His dad and uncle are watching the boat races on TV.

Good morning to all our visitors from 2008. First we're going to examine one of the latest forms of communication among our space **citizens**. No more **typists** working on a **typewriter** or computer! No more **postage** or **postcodes**! Messages can now be sent using a "thoughtpad". You place the metal band over your head, clear your mind, press the sending **button**, think your message and the next **instant** it's sent. It's stored on the "thoughtpad" of the **receiver**. It's quick, efficient and environmentally friendly. The only limitation is if the user does not think his or her message clearly, an unclear message may be sent. But we cannot blame the tools for the faults of the user, can we?

2. 그리고 두 단락의 단어 순서를 뒤섞어 놓았는데 어떤 단락이 더 어려운 지 판단해 봅시다.

help needs school Mrs. Miller the not to or you It piano have play Please teach Do at call Can is the time on violin 555 - 3721 difficult The weekend music you the

that stars directions according a threw widely Bang the create bodies After all Big began However matter to and in other a atoms accepted to theory and universe to began with form combine that

앞의 생각과 토론에서 문장의 어려움을 판단하는 것은 문장에 포함된 단어의 종류를 근거로 이루어진다는 것을 알 수 있습니다. 알 수 없는 단어가 많을 수록 문장은 어렵다고 느껴집니다. 만약 대부분 익숙한 단어라면 비교적 간단하게 느껴질 것입니다. 단어가 나타나는 순서는 문장의 어려움을 판단하는 데 큰 영향을 주지 않습니다.

다음 연습에서 문장에 대한 단어 분할의 결과는 순서가 없는 단어들의 조합입니다. 그렇다면 각 단어는 모두 몇 번 나타났을까요?

연습

아래 단락에서 표 안의 단어가 몇 번 나타났는지 횟수를 빈칸에 쓰시오.
Do you want a friend whom you could tell everything to, like your deepest feelings and thoughts? Or are you afraid that your friend would laugh at you, or would not understand what you are going through? Anne Frank wanted the first kind, so she made her diary her best friend.

you	the	friend	her	feeling	thoughts

단순히 단어의 사용된 횟수를 세는 것은 문제가 있습니다. 바로 문장의 길이가 단어의 사용된 횟수에 큰 영향을 준다는 것입니다. 길이가 다른 문장에서 같은 단어가 사용된 횟수를 비교하는 것은 적절하지 않다.

예를 들어 한 학생이 두 차례의 시험을 보았을 때 1차 시험 100점 만점에서 80점을 얻었고, 2차 시험 150점 만점에서 90점을 얻었습니다. 그렇다면 이 학생의 점수를 단순히 80점과 90점으로 평가하는 것이 아니라, 두 차례 시험의 만점을 고려해야 합니다. 즉 두 차례 시험의 만점을 얻은 점수로 나눈 결과인 상대 점수(즉 0.8과 0.6)로 평가를 해야 더

합리적입니다.

이러한 사고를 바탕으로, 각 단어가 문장에 나타나는 횟수로 문장의 총 단어 수를 나누면 상대적으로 합리적인 평가 기준을 가진 단어 빈도를 얻을 수 있습니다. 단어가 문장에서 나타나는 횟수에 비해, 단어 빈도는 상대적으로 문장 길이의 영향을 적게 받습니다. 따라서 단어 빈도를 문장의 중요한 특징(Feature)이라 할 수 있습니다.

사전(dictionary)

많은 양의 텍스트를 하나씩 하나씩 단어 빈도를 통계를 내는 것은 귀찮은 일입니다. 컴퓨터가 자동으로 단어 빈도를 통계낼 수 있도록 프로그램을 작성할 수 있습니다. 단어 빈도를 통계냈던 것과 같이, 요소가 2개인 목록을 한 개의 데이터로 여기고, 그 목록을 더 큰 목록에 포함하는 간단한 방법을 사용할 수 있습니다.

```
(['you', 0.1], ['friend', 0.06], … , ['thoughts', 0.02])
```

이러한 자료형은 단어 빈도를 모으기에는 편리하지만, 특정 단어의 단어 사용 빈도를 찾으려면 순서에 따라 차례대로 찾아야 합니다. 따라서 새로운 자료형인 사전(dictionary)이 필요합니다.

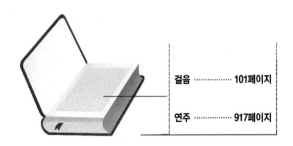

걸음 ……… 101페이지

연주 ……… 917페이지

[그림 6-4] 사전

일상생활에서 사용하는 사전에는 단어의 발음, 뜻풀이, 용례 등이 모두 수록되어 있습니다. 단어의 수가 많아 순서에 따라 차례대로 찾는 것은 귀찮고 짜증나는 일입니다. 사전은 특정 규칙에 따라 단어가 배열되어 있으므로 그 규칙에 따라 단어의 위치를 쉽게 찾을 수 있습니다. 마찬가지로 파이썬의 사전 유형은 키워드와 대응하는 값(value)을 저장할 수 있으며, 이를 키-밸류 쌍(Key Value Pairs)이라고 합니다.

[표 6-2] 키-밸류 쌍

키(keyword)	밸류(값)
'you'	0.1
'friend'	0.06
'thoughts'	0.02
...	...

1) 사전 만들기

형식: 변수 = {키워드 1: 값 1, 키워드 2: 값 2, …}

사전을 만들 때 대괄호 { }를 사용하여 키-밸류 쌍을 정의할 수 있습니다. 모든 키-밸류 쌍은 키워드가 반드시 있어야 하며, '값'의 형식으로 표현됩니다. 여기서 주의해야 할 점은 키워드는 중복되면 안 됩니다.

예제

앞의 연습에서 일부 단어의 빈도를 통계내었습니다. 사전을 만들어 "you", "the", "friend"라는 단어의 빈도 값을 저장하시오.

프로그램 예:

```
# 사전 만들기
word_freq_dict = {'you': 0.1, 'the': 0.2, 'friend': 0.05}
```

2) 키워드 검색하기

형식: 사전[키워드]

사전에서 특정 키워드를 찾을 때는 목록과 비슷한 방법을 사용하면 됩니다. 사전 데이터 다음에 괄호 [ ]로 묶인 키워드를 사용하면, 이 키워드로 사전에서 대응하는 값을 추출하는 것을 의미합니다.

예제

앞에서 만든 사전 word_freq_dict에서 "you", "the", "friend"라는 단어 빈도 값을 찾아 보시오.

프로그램 예:

```
freq = word_freq_dict['you']    # 사전에서 키워드에 대응하는 값을 찾기
print(freq)                     # 단어 빈도 출력

# 출력: 0.1
```

3) 키-밸류 쌍의 삽입과 수정

앞에서 사전을 만들 때 세 개의 키-밸류 쌍을 정의했습니다. 실제로 사전에 저장될 전체 내용을 처음부터 알기는 어려우므로 키-밸류 쌍을 추가하고 수정하는 기능이 필요합니다.

형식: 사전[키워드] = 값

키워드를 찾는 방법과 마찬가지로 괄호 [ ]로 키워드를 묶어 등호의 왼쪽에 배치하고, 등호 오른쪽에는 대응하는 값을 지정합니다. 키워드가 사전에 있다면 대응하는 값이 새로 지정된 값으로 수정되고, 그렇지 않으면 새로운 키-밸류 쌍이 추가됩니다

예제

1. "her"라는 단어 빈도 값을 앞에서 만든 단어 빈도 사전 word_freq_dict에 추가해 보시오.

프로그램 예:

```
word_freq_dict['her'] = 0.06      # 사전에 키-밸류 쌍 추가
```

2. 단어 빈도 사전 word_freq_dict에서 키워드 "you"의 단어 빈돗값을 0.3으로 수정하시오.

프로그램 예:

```
word_freq_dict['you'] = 0.3       # 사전에서 키 값 수정
```

---

4) 사전에 키워드가 있는지 확인

형식: 키워드 in 사전

만약 키워드가 사전에 있다면 앞의 형식은 참(True)입니다. 그렇지 않으면 거짓(False)입니다.

예제

"you"와 "he"가 단어 빈도 사전 word_freq_dic에 있는지 확인하시오.

프로그램 예:

```
print("you" in word_freq_dict)        # 키워드 "you" 확인하기
# 출력: True
prinit("he" in word_freq_dict)        # 키워드 "he" 확인하기
# 출력: False
```

---

5) 사전의 반복

형식: for 변수 1, 변수 2 in 사전.items():

　　　　반복문 본체

사전에 있는 모든 키-밸류 쌍을 가져오려면 for 반복 구조와 사전의 items 메소드를 사용합니다. items는 키-밸류 쌍을 의미하는데, 이 메소드를 호출하면 각각의 키-밸류 쌍을 item으로 얻을 수 있습니다. for 반복문을 사용하면 키-밸류 쌍을 얻을 때마다 변수 1에 키워드를, 변수 2에 값을 할당할 수 있습니다. 그 다음 반복문 본체에서 변수 1과 변수 2를 사용할 수 있습니다.

다음의 단어 빈도에 대한 통계 예제를 학습하면 사전 자료형을 쉽게 다룰 수 있습니다.

반복문을 사용하여, 단어 빈도 사전 word_freq_dict의 키워드와 값을
출력하시오.

프로그램 예:

```
# for 반복문을 사용하여 사전의 키-밸류 쌍 얻기
for key, value in word_freq_dict.items():
    print(key,':', str(value))     # 키워드와 값을 출력하기
# 출력: 'you'=0.3
# 'the'=0.0
# 'friend'=0.05
# 'her'=0.06
```

단어 빈도의 자동 통계

사전 자료형을 학습하면, 사전으로 단어 빈도의 자동 통계를 구현할
수 있다는 것을 알 수 있습니다. 문장에서 각각의 단어는 모두 키워드
이며, 대응하는 값은 단어 빈도입니다.

아래 예제에서 구체적인 구현 방법에 대해 알아봅시다.

예제

한 문장을 단어 분할한 단어 목록을 words라고 가정할 때 이 문장에 있
는 모든 단어의 빈도를 계산해 보시오.

프로그램 예:

```
freq_dict = {}       # 단어 빈도를 저장할 사전 만들기
```

```
for word in words:   # 단어 목록을 반복하기
    if word in freq_dict:        # 단어가 사전에 있는지 확인하기
        freq_dict[word] += 1   # 단어 빈도 사전에서 해당되는
                                  단어의 값에 1을 더하기

    else:
        freq_dict[word] = 1    # 해당하는 단어를 키워드로
                                  사전에 저장하고, 값을 1로
                                  정하기
num_words = len(words)         # 단어 목록의 단어 개수
for word, count in freq_dict.items():  # 단어 목록의 총 단어
                                          수를 획득하기

    freq_dict[word] = count/num_words  # 현재 단어의 개수로
                                          단어의 총수를
                                          나누기
```

이 예제에서 먼저 사전 freq_dict를 만들어 단어 빈도를 저장합니다. 그리고 반복문을 사용하여 단어 목록 words에서 단어를 차례로 추출합니다. 만약 단어가 이미 사전 freq_dict에 있으면 단어에 해당하는 값에 1을 더합니다. 그렇지 않으면, 단어를 키워드로 하고 1을 값으로 하여 빈도 사전에 저장합니다. 반복이 끝나면 문장의 모든 단어와 나타난 횟수가 freq_dict에 저장됩니다. 마지막으로 단어 빈도 사전을 반복하여 각 단어가 나타난 횟수를 총 단어 수로 나누어 단어 빈도를 얻습니다.

단원 정리

이 절에서는 주로 단어 빈도의 통계에 대해 설명하였습니다. 먼저 텍스트 분석의 중요한 특징인 단어 빈도와 단어 빈도를 통계내는 방법을 소개하였습니다. 그다음 사전 자료형과 사전의 사용 방법을 소개하였습니다. 마지막으로, 사전 자료형을 사용하여 단어 빈도의 자동 통

계를 구현해 보았습니다. 사전 자료형은 앞으로 학습할 내용에 매우 중요하므로 예제에서 충분히 이해해야 합니다.

[자체 평가]

학습 내용	학습 평가		
단어 빈도	☐ 매우 우수	☐ 우수	☐ 보통
사전의 작업	☐ 매우 우수	☐ 우수	☐ 보통
단어 빈도의 자동 통계	☐ 매우 우수	☐ 우수	☐ 보통

9.4 텍스트의 특징과 분류

텍스트의 특징

문장을 읽을 때 문장의 난이도를 어떻게 판단하는가요? 다음 두 문장 중에서 어떤 문장의 난이도가 더 높은지 구분해 봅시다.

STUDENTS WHO VOLUNTEER

Mario Green and Mary Brown from Riverside High School give up several hours each week to help others.

Mario loves animals and wants to be animal doctor. He voluneers at an animal hospital every Saturday morning. Mario believes it can help him to get his future dream job. "It' s hard work," he says, "but I want to learn more about how to care for animals. I get such a strong feeling of satisfaction when I see the animals get better and the book of joy on their owners' faces."

Mary is a book lover. She could read by herself at the age of four. Last year, she decided to try out for a volunteer after-school reading program. She still

works there once a week to help kids learn to read." The kids are sitting in the library, but you can see in their eyes that they' re going on a differernt journey with each new book. Volunteering here is a dream come ture for me. I can do what I love to do and help others at the same time.

COMMUNICATION: NO PROBLEM?

Yesterday. another student and I, representing our university' s student association, went to the Capital International Airport to meet this year' s international students. They were coming to student at Beijing University. We would take them first to their dormitories and then to the student canteem. After half an hour of waiting for their fight to arrive, I saw several young people enter the waiting area looking around curiously. I stood for a minute watching them and then went to greet them.

The first person to arrive was Tony Garcia form Colombia, closely followed by Julia Smith from Britain. After I met them and then introduced them to each other, I was very surprised. Tony approached Julia touched her shoulder and kissed her on the cheek! She stepped back appearing surprised and put up her hands, sa if in defence. I guessed that there was probably a major misunderstanding. Then Akira Nagata from Japan came in smiling, together with George Cook from Canada. As they were introduced. George reached his hand out to the Japanese student. Just at that moment, however, Akira bowed so his nose touched George' s moving hand. They both apologized-another cultural mistake!

[그림 6-5] 문장

이 두 문장을 읽을 때, 첫 번째 문장의 단어가 상대적으로 간단하고, 두 번째 문장의 단어들이 조금 어렵다는 것을 느낄 수 있습니다. 이러한 직관적인 인상은 두 번째 문장의 난이도가 더 높다는 것으로 판단하도록 합니다. 이러한 과정에서 텍스트의 난이도를 자동으로 분석하는 데 필요한 아이디어를 찾을 수 있습니다. 바로 문장에 어려운 단어가 나타나는 빈도로 난이도를 판단할 수 있다는 것입니다. 그렇다면 어떻게 단어의 난이도를 수치화할 수 있을까요? 영어 교과서를 보면, 마지막 부분에 단어 목록이 있습니다. 이러한 단어 목록은 학생들이 잘 모르는 단어들을 이해할 수 있도록 도와줍니다.

어떤 학년의 단어 목록에 있는 단어는 해당하는 학년에서 처음으로 사용된 단어일 확률이 크며, 그 전 학년에서는 사용되었을 확률이 작습니다. 그렇다면 한 단어가 어떠한 학년의 단어 목록에 속해 있는지는 난이도와 밀접한 관계가 있지 않을까요? 예를 들어 1학년의 단어 목록에 있는 단어의 난이도는 1학년 수준이며, 6학년의 단어 목록에 있는 단어의 난이도는 6학년 수준입니다. 이와 같이 단어 목록은 단어 난이도의 등급표와 같습니다.

이러한 단어 목록이 있으면, 단어의 난이도에 대해 수치화를 진행할 수 있습니다. 한 문장의 난이도를 판단할 때, 단어들을 차례대로 얻어 각 학년의 단어 목록과 비교하면 단어의 난이도 등급을 찾을 수 있습니다. 그리고 각 난이도 등급에 단어가 차지하는 비율로 문장의 난이도 등급을 판단할 수 있습니다.

그러면 어떻게 이러한 단어 목록을 얻을 수 있을까요? 먼저 컴퓨터를 영어를 배운 적 없는 사람이라 하고 학년에 따라 차례대로 영어 문장을 학습하게 합니다.

1학년 문장을 학습할 때, 모든 단어는 새로운 단어입니다. 이러한 단어들은 1학년 단어 목록에 포함합니다. 그다음 2학년 문자을 학습할 때 컴퓨터는 문장에 나타나는 단어들이 1학년 때 배웠던 단어와 새로운 단어라는 것을 알 수 있습니다. 이러한 과정으로 컴퓨터가 모든 과정을 다 학습하면, 각 학년의 단어 목록은 마무리됩니다.

단어 목록은 앞에서 배운 사전 자료형으로 표시할 수 있습니다. 키워드는 단어이고, 대응한 값은 단어가 어떤 학년에 해당하는지 표시합니다. 아래 [표 6-3]에서 단어 you는 1학년 단어 목록에 속하고, 난이도 등급은 1입니다. 단어 thoughts는 고등학교 1학년의 단어 목록에 속하고, 난이도 등급은 10입니다.

[표 6-3] 단어 난이도 등급표

단어	난이도 값
'you'	1
'friend'	3
'thoughts'	10
...	...

앞의 분석에서 단어 난이도 등급표의 각 단어가 대응하는 값이 바로 해당하는 단어가 처음 나타나는 학년을 의미한다는 것을 알 수 있습니다.

다음의 예제에서 구체적인 프로그램을 만들어 봅시다.

예제

세 개의 텍스트 파일에 각각 한 편의 영어 문장이 저장되어 있고, 파일의 경로는 다음과 같습니다.

["/path/to/text1.txt", "/path/to/text2.txt", "/path/to/text3.txt"]

이 문장들이 대응하는 학년이 [1, 2, 3]일 때 단어 목록을 만들어 보시오.

프로그램 예:

```
# 문장이 있는 텍스트 파일 경로 목록을 만든다
paths = ["/path/to/text1.txt", "/path/to/text2.txt", "/path/to/text3.txt"]
grades = [1, 2, 3]       # 앞 문장의 난이도에 대응하는 학년 목록을 만든다
diff_level = {}          # 단어의 난이도 등급을 저장할 사전을 만든다
# paths와 grades의 요소를 함께 반복
for path, grade in zip(paths, grades):
    text = nlp.readtext(path)  # path 경로의 텍스트 파일 내용을 불러오기
    words = nlp.splitwords(text)  # text에 저장된 문장에 단어 분할을 실행
    for word in words:  # 단어 목록 words를 반복
        # 만약 단어가 난이도 등급 사전에 있고
        # 대응되는 값이 현재의 학년보다 작거나 같으면 계속 반복을 진행
        if (word in diff_level) and (diff_level[word] <= grade):
            continue
        # 그렇지 않으면, 사전에 현재 단어가 대응되는 값을 학년으로 수정
        else:
            diff_level[word] = grade
```

앞의 예제에서 반복문을 사용하여 차례대로 문장의 내용을 불러왔습니다. 그리고 문장의 단어를 분할하여 단어 목록을 얻었습니다. 이어서 반복문을 사용하여 차례대로 목록의 단어를 각각 처리합니다. 만약 단어 목록에 이미 그 단어가 있고, 그 단어의 학년이 현재 학년(grade)보다 작거나 같다면, 다음 단어를 처리합니다. 그렇지 않다면 단어 목록에 해당 단어가 있는 학년을 현재 학년으로 수정합니다.

앞의 내용은 3개의 문장으로 구성한 단어 목록 예제입니다. 다음 연습에서 더 큰 영어 문장에 대한 단어 목록을 만들어 봅시다.

> ### 연습
>
> text_grade.vocabulary에는 1학년부터 12학년까지의 문장 파일 경로와 각 학년의 데이터가 저장되어 있습니다. 이러한 조건을 기초로 1학년부터 12학년까지의 단어 목록을 만들어 보시오.

제5장의 '기계학습(머신러닝) 기초'에서 지도학습에 대해 어느 정도 알게 되었습니다. 지도학습[2]은 데이터 A를 데이터 B에 매핑하는 것(또는 함수)을 배웠습니다.

단어의 난이도 분류는 문장에서 난이도 등급을 매핑하는 것으로, 지도학습 방법을 사용해 이러한 과정을 처리할 수 있습니다.

가공되지 않은 원시 데이터에서 단어와 난이도 등급 사이의 매핑 관계를 곧바로 구축하는 것은 어려우므로 원시 데이터에서 조건에 맞는 특징을 추출해야 합니다. 이전 학습에서 특징에 대해 어느 정도 알

2) 지도 학습 (Supervised Learning): 훈련 데이터(Training Data)로부터 하나의 함수를 유추해내기 위한 기계학습의 한 방법

았습니다. 특징은 데이터 A에서 추출하는 것인데, 데이터 B를 더 정확하게 예측할 수 있도록 도와줍니다. 예를 들어 어떤 사람의 체중을 예측하려고 할 때, 원시 데이터에는 머리카락 색상, 눈의 크기, 키, 성별 등 특징 정보가 있을 것입니다. 그렇지만 머리카락 색상과 눈의 크기는 체중에 거의 영향을 주지 않습니다. 그러나 키와 성별은 체중과 밀접한 관계를 가지고 있습니다. 그러므로 한 사람의 체중을 예측할 때, 머리카락 색상과 눈의 크기와 같은 특징 정보는 삭제하고, 키와 성별 특징 정보만 선택하면 됩니다. 즉 원시 데이터에서 키와 성별은 체중을 예측하기 위한 알맞은 특징입니다.

문장의 난이도 분류에서 난이도가 다른 문장 간의 차이를 잘 나타내는 특징은 무엇일까요? 앞에서의 관찰과 분석으로 한 문장의 난이도는 다른 난이도의 단어가 차지하는 비율에 의해 결정된다는 것을 알 수 있습니다.

초등학교 난이도 문장에서는 대부분 초등 난이도의 단어(난이도 등급이 1부터 6 사이에 있는 초등학교 단어 목록)들이 자주 나타나고, 중등 난이도의 단어(7부터 9등급, 중학교의 단어 목록)는 드물게 나타나며, 고등 난이도의 단어(10부터 12등급, 고등학교 단어 목록)는 극히 드물게 나타납니다. 중등 난이도의 문장에는 초등 난이도의 단어가 대부분이고, 중등 난이도의 단어가 자주 나타나며, 고등 난이도의 단어는 드물게 나타납니다. 고등 난이도의 문장에는 초등 난이도의 단어 비중이 감소되고, 중등 난이도 단어의 비중이 많아지며, 고등 난이도 단어들이 자주 나타납니다.

이를 통해 알 수 있듯이, 난이도가 다른 단어가 나타나는 빈도를 단어의 특징을 하여 문장의 난이도 등급을 분류하는 것은 구현 가능한 방법입니다.

다음 예제로 한 문장에서 서로 다른 난이도의 단어가 나타나는 빈도를 통계내는 방법을 알아봅시다.

예제

한 문장을 단어 분할한 후의 단어 목록을 words, 각 학년의 단어 등급 목록을 diff_level 이라 가정하고, 문장에서 난이도가 다른 단어가 나타나는 빈도를 통계해 보시오.

프로그램 예:

```
def get_freq_per_grade(words, diff_level):
    # 목록을 만들고, 각 난이도 등급의 단어가 단어 목록에 나타나는 빈도를 저장
    freq_per_grade = [0, 0, 0, 0, 0, 0, 0, 0, 0, 0, 0, 0]
    for word in words:         # 단어 목록 words에 대해 반복을 진행
        if word in diff_level:  # 만약 현재 단어 word가 diff_level에 있다면
            grade = diff_level[word]  # 단어에 대응하는 난이도 등급을 찾음
            freq_per_grade[grade - 1] += 1      # freq_per_grade에 대응하는
            위치의 값에 1을 더함. 주의: 목록 위치는 0부터 시작하므로 난이도
            등급에서 1을 뺀 것이 목록 위치
        else:
            continue      # 아니라면, 계속 반복을 진행
    num_words = sum(freq_per_grade)  # freq_per_grade의 모든 요소의 합을 계산.
                                     즉 모든 난이도 등급의 단어 총수
    i = 0           # 정수 i를 만들어 계수기(counter)로 정함
    for ferq in freq_per_grade:      # freq_per_grade에 대해 반복을 진행
        freq_per_grade[i] = freq/num_words  # 현재 난이도 단어의 수를 모든
                                            등급 단어의 총수로 나눔
        i += 1     # 계수기에 1을 더함
    return freq_per_grade  # 단어 목록에 나타난 난이도 등급별 단어의 빈도를
                           반환
```

이 예제에서 먼저 길이가 12인 목록 freq_per_grade를 만들어 문장에 서로 다른 난이도의 단어가 나타나는 빈도를 기록하였습니다. 그리고 반복문을 사용하여 words에서 차례대로 단어를 가져와 해당 단어가 단어 목록 diff_level에 있는지 확인합니다. 만약 있다면, 해당 단어에 대응하는 등급을 찾아 freq_per_grade의 해당하는 위치의 값에 1을 더하지만, 없다면 다음 단어를 가져와 반복을 진행한다.

반복이 끝나면, 난이도가 다른 단어가 문장에 나타난 횟수가 freq_per_grade에 저장됩니다. 이어서 sum 함수를 사용하여 freq_per_grade에서 각 학년의 새 단어 목록에서 단어가 나타나는 빈도의 합계를 구하여 num_words에 값을 할당합니다. 마지막으로 반복문을 사용하여 freq_per_grade의 난이도 단어의 수를 num_word로 나누면 문장에 나타난 난이도가 다른 단어가 나타나는 빈도를 구할 수 있습니다.

3) 분류(Classification): 문제에 대한 예측 결과 대상이 수치화되지 않는 문자인 경우에 선택

4) 회귀(Classification): 문제에 대한 예측 결과 대상이 수치화되는 경우에 선택

분류 [3]

난이도가 다른 단어가 나타나는 빈도가 텍스트의 특징이므로, 기계학습 알고리즘을 사용하여 텍스트의 특징을 난이도 등급에 매핑할 수 있습니다. 예측 목표가 연속적인 값인 경우에는 '회귀 [4]' 문제에 해당하며, 예측 목표가 비연속적인(흩어진) 값인 경우에는 '분류' 문제에 해당합니다. 난이도 등급은 각각 초등 난이도, 중등 난이도와 고등 난이도로 구분되며, 이는 비연속적인 데이터입니다.

따라서 '분류'의 방법을 사용해 문제를 해결할 수 있습니다.

먼저 이진 분류[5]를 사용한 관한 분류 방법을 구상해 봅시다. 예를 들어 훈련 데이터에서 고등 수준의 문장을 모두 버리고, 초등 난이도와 중등 난이도를 구분하는 분류기를 만들어 봅니다.

그리고 문장의 난이도를 수치화해 봅시다. 여기서 초등 난이도를 0으로, 중등 난이도를 1로 설정합니다.

그다음 매개변수가 포함된 예측 함수를 확정할 필요가 있습니다. 앞에서 학습한 다이아몬드의 분류 문제에서, $ax + by + c = 0$ 예측 함수를 사용하였습니다. 그리고 반복 알고리즘으로 계수[6] a, b, c를 확정하였습니다. 새로운 다이아몬드가 나타날 때마다 가격 x와 무게 y를 공식에 대입하여 $ax + by + c > 0$가 참(True)인지 거짓(False)인지를 판단하여 다이아몬드의 등급을 예측하였습니다.

$$f(x_1, \cdots, x_{12}) = a_0 + a_1x_1 + a_2x_2 + \cdots + a_{11}x_{11} + a_{12}x_{12}$$

마찬가지로 문장의 난이도를 분류하는 문제는 예측 함수로 설정할 수 있습니다. 그중 a_0부터 a_{12}는 이 함수의 매개변수입니다. 즉 익숙하게 알고 있는 선형 분류기[7]입니다.

제5장에서 분류기를 학습하였습니다. SenseStudy에는 선형 분류기를 포함한 여러 가지의 분류기가 있습니다. 다음 예제의 선형 분류기로 문장의 난이도를 분류하는 방법에 대해 알아봅시다.

5) 이진 분류(Binary classification): 예측해야 할 대상이 두 가지인 경우. 일반적으로 참과 거짓으로 구분될 수 있는 문제에 사용

6) 계수(Coefficient): 일반적으로 식 앞에 곱해지는 상수

7) 선형 분류기(linear classifier): 한 개체가 두 개의 클래스 중 어느 하나에 속하는지 분리선으로 데이터를 분류

예제

네 개의 문장이 있다고 가정하고, 난이도가 다른 단어가 나타나는 빈도를 계산하여 xs에 저장하였다.

이러한 문장에 대응되는 난이도는 다음과 같습니다.

[0, 0, 1, 1]

텍스트의 난이도 데이터를 사용하여 선형 분류기를 훈련하시오.

프로그램 예:

```
model = LinearClassifier()     # 선형 분류기 만들기
xs = []      # 4개의 문장 데이터를 4행 12열의 2차원 배열로 만듦
ys = [0, 0, 1, 1]        # 문장에 대응하는 난이도
model.train(xs, ys)       # 문장 데이터와 난이도로 분류기를 훈련
```

앞에서 사용한 훈련 세트와 테스트 세트는 너무 작으므로, 다음 연습에서 더 큰 데이터 세트로 훈련과 테스트를 실행할 것입니다.

연습

1. 앞에서 구현한 분류기의 훈련 세트에 text_classify.train.primary_junior 데이터 세트로 예측 함수를 훈련해 보시오.

2. 앞에서 구현한 분류기 예측 함수로 text_classify.test.primary_junior 데이터 세트에 대한 문장 난이도를 예측하여 정확도를 계산해 보시오.

단원 정리

본 절에서는 문장 난이도를 분석하는 문제를 학습하였습니다. 실제 사용하는 영어 문장을 사용해 텍스트의 특징을 난이도 등급이 다른 단어가 나타나는 빈도로 설정하였습니다. 이러한 특징은 난이도가 다른 문장 사이의 차이를 정확히 구현하였고, 분류기를 구현함에 있어서 기초를 마련하였습니다.

그리고 기계학습의 지도학습 방법을 다시 복습하고 앞에서 배운 분류기의 설계, 훈련, 예측 등에 대한 지식을 응용하여 문장 난이도 분류기를 구현해 보았습니다.

[**자체 평가**]

학습 내용	학습 평가		
텍스트의 특징	□ 매우 우수	□ 우수	□ 보통
문장 난이도의 분류	□ 매우 우수	□ 우수	□ 보통

이 장의 요약

이 장에서는 자연어 처리를 소개하였습니다. 텍스트가 컴퓨터에 저장되는 형식, 텍스트를 불러오기, 영어 문장의 단어 분할과 텍스트 특징 추출을 학습하였습니다.

또한, 파이썬의 사전 자료형을 사용하여 문장에서 단어가 나타나는 빈도를 통계내고, 텍스트 처리 방법을 사용하여 영어 문장의 난이도를 자동으로 분류하는 작업을 실행하는 등 자연어 처리에 대한 학습하였습니다.

제7장 이미지 심층학습(딥러닝)

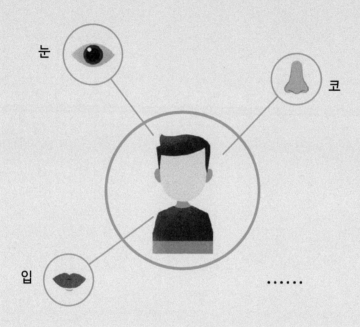

눈 코 입 ......

제6장에서 기계가 데이터 학습으로 일정한 규칙을 만들어 새로운 데이터에 적용할 수 있다는 것을 알게 되었습니다. 기계학습은 초기에 메일 분류 및 추천 시스템 등 실제 생활에 사용되었습니다. 하지만 전통적인 기계학습은 이미지, 음성 등 복잡한 데이터에 사용하기에는 어려움이 있었습니다. 2012년 딥러닝으로 전통적인 기계학습의 한계를 넘어 천만 개의 데이터에서 고양이 이미지를 찾아내는 데 성공했습니다. 컴퓨터 하드웨어의 발전에 힘입어 이미지, 음성 등 분야에서 인간의 분석 속도를 능가하면서 인공지능 물결이 일어났습니다. 이 장에서는 이미지에 대해 보다 폭넓은 이해에 더하여 딥러닝의 기초를 학습하겠습니다.

7.1 보는 것과 바르게 아는 것

앞에서 학습했듯이, 컴퓨터는 순간의 이미지를 가져와서(capture) 디지털 방식으로 저장할 수 있습니다. 이미지를 가져와 저장한 후에는 자연스럽게 다음과 같은 질문을 하게 됩니다. 컴퓨터는 이미지가 무엇인지를 바르게 알 수 있을까요? 또는 컴퓨터는 이미지 안의 대상을 구분하여 바르게 알 수 있을까요?

1960년대의 컴퓨터에는 기본적인 저장 기능만 있었습니다. 과학자들은 컴퓨터의 시각에 대하여 다음과 같은 기본 구상을 내어놓았습니다. 카메라를 눈으로, 컴퓨터를 뇌로 사용하여 기계가 인간의 시각 인지 능력을 가질 수 있도록 하는 구상입니다.

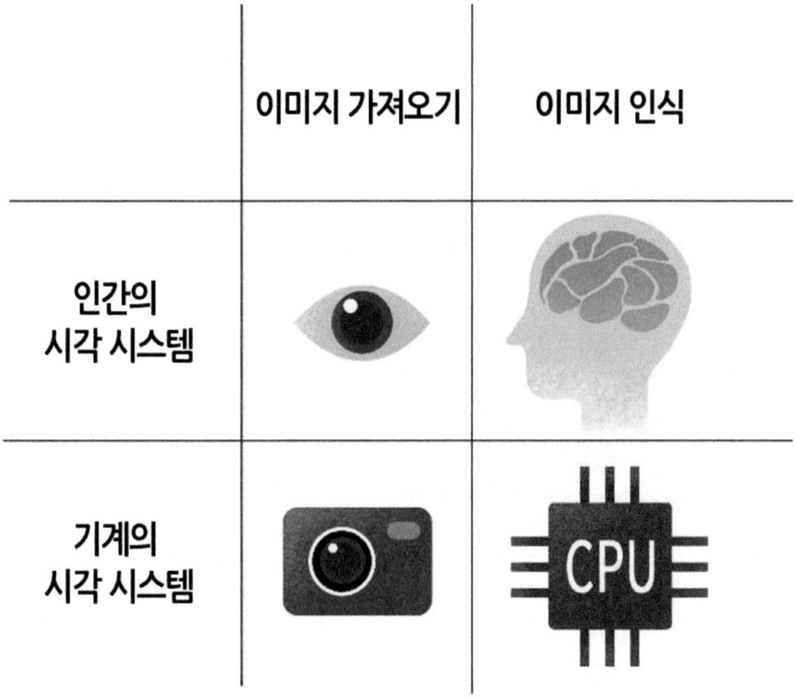

[그림 7-1] 인간과 기계의 시각 시스템

이후 수십 년 동안 컴퓨터와 이미지 처리 및 기계학습의 발전에 따라 머신 비전(machine vision)이 조금씩 정확해졌습니다. 최근에는 딥러닝 기술이 급속히 발전하면서 머신 비전이 더욱 발전하여 얼굴 인식으로 스마트폰 잠금 해제, 이미지 안의 문자 인식(OCR), 많은 사람 가운데 비정상적인 행위를 탐지하고 있습니다.

이 장에서는 간단한 문제에서 시작하여 조금씩 딥러닝 기술의 비밀을 알아보도록 하겠습니다.

**얼굴 인식으로
스마트폰 잠금 해제**

**이미지 안의
문자 인식**

반대 방향으로
걸어옴

넘어짐

비정상적 행위 탐지

[그림 7-2] 머신 비전의 응용

먼저 컴퓨터가 얼굴을 인식할 수 있는지에 대한 간단한 문제로부터 시작해 봅시다. 예를 들어 컴퓨터에 이미지를 보여 주면 컴퓨터가 이미지 속에 사람 얼굴을 인식할 수 있을까요?

사람 얼굴이 있다.

사람 얼굴인지 확실하지 않다.

사람 얼굴이 없다.

[그림 7-3] 얼굴 인식 문제

　이미지에서 사람 얼굴을 인식하는 것은 분류 문제에 속합니다. 이 문제는 사람에게는 매우 간단하고 바로 인식할 수 있는 문제입니다. 하지만 컴퓨터의 관점에서 생각해 보면 쉬운 문제는 아닙니다.

　컴퓨터에게 이미지는 무엇일까요? 제4장에서 컴퓨터의 이미지는 공간의 순서대로 배열된 픽셀값이라는 것을 알 수 있었습니다.

　그렇다면 컴퓨터는 이러한 픽셀값을 가지고 이미지를 어떻게 분류할 수 있을까요? 제5장에서 선형 분류기를 학습하였습니다. 데이터를 입력하여 선형 함수를 사용해 선형 분류기로 두 종류의 데이터를 분류할 수 있습니다. 얼굴 인식의 문제도 이와 같은 알고리즘과 같이 픽셀값을 계산하여 분류된 결과를 얻을 수 있습니다.

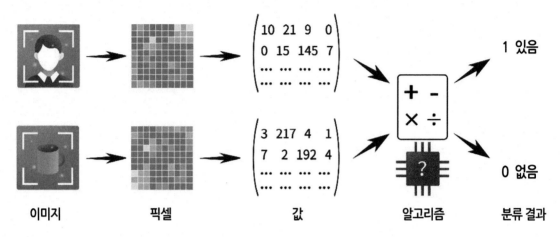

이미지　　　　픽셀　　　　　값　　　　알고리즘　　분류 결과

[그림 7-4] 머신 비전으로 보는 얼굴 인식 문제

단원 정리

이 절에서는 이미지를 바로 알기위한 주요 내용과 컴퓨터의 머신 비전과 활용되는 분야를 설명하였습니다. 또한, 얼굴 인식의 문제를 생각하면서 기계가 어떻게 이미지를 인식할 수 있는지 원리를 알고 싶어하는 마음이 일어나게 하였습니다.

[자체 평가]

학습 내용	학습 평가		
머신 비전 시스템	☐ 매우 우수	☐ 우수	☐ 보통
머신 비전의 활용 분야	☐ 매우 우수	☐ 우수	☐ 보통
얼굴 인식 문제	☐ 매우 우수	☐ 우수	☐ 보통

7.2 특징을 추출하여 이미지 인식하기

딥러닝 기술이 출현하기 전의 이미지 인식 알고리즘은 특징을 추출하여 사용하는 알고리즘이 중요한 역할을 하고 있었습니다. 이러한 알고리즘은 두 가지 주요 단계로 구성됩니다.

1. 인간이 설계한 알고리즘을 사용하여 이미지의 특징을 추출합니다.
2. 이러한 특징 데이터를 분류, 회귀 등의 기계학습 모델로 훈련하여 문제를 해결합니다.

특징은 이 두 단계에서 중요한 역할을 담당합니다.

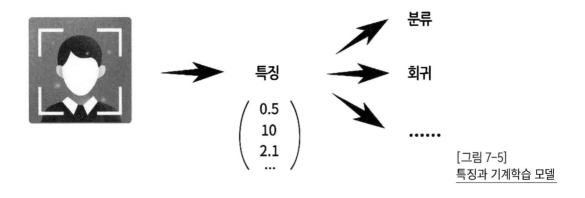

[그림 7-5]
특징과 기계학습 모델

특징이란 무엇일까요? 앞 장에서 특징의 개념을 학습하였습니다. 다이아몬드의 가격을 예측하는 문제에서 다이아몬드의 무게와 등급으로 가격을 예측하였는데, 여기에서 무게와 등급이 다이아몬드의 두 가지 특징입니다.

다이아몬드에 대한 측정과 관찰에서 무게와 등급의 물리적인 값을 구하면 다이아몬드의 특징이나 다른 다이아몬드와의 차이점을 알 수 있습니다.

[그림 7-6]
다이아몬드의 특징

한 개의 다이아몬드에는 여러 가지 물리적 속성이 존재하는데, 어떤 것들을 특징이라고 할 수 있을까요? 여기서 주의해야 될 점은, 특징을 찾는 것은 데이터를 걸러 내는(filtering) 과정이므로 문제에 집중해야 합니다. 예를 들어 다이아몬드에서 무게와 등급이라는 특징을 제외하면 원산지, 경도, 불순물 및 화학 성분 등의 정보도 특징이 될 수 있습니다. 하지만 가격을 예측하는 문제의 해결을 위해서는 이러한 정보들은 그렇게까지 중요하지 않으므로 특징으로 사용하지 않습니다.

컴퓨터가 사용할 수 있는 디지털 이미지의 유일한 데이터는 픽셀값입니다. 따라서 이미지의 픽셀값을 계산하여 이미지의 특징을 추출할 수 있는 알고리즘을 설계해야 합니다.

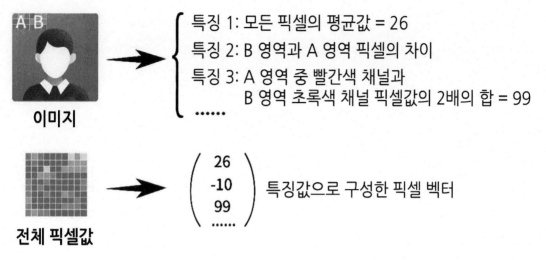

[그림 7-7] 이미지 특징 추출 예시

픽셀값을 임의로 계산하여 여러 가지 특징을 얻을 수 있지만, 다이
아몬드의 예와 같이 이미지의 인식 문제에서 추출된 특징은 문제 해결
을 위해 의미 있는 특징이어야 합니다.

여기서 객체의 윤곽[1]에 대한 간단한 특징을 설명하고, 얼굴 인식 문
제에 사용합니다. 사람의 얼굴은 다른 객체와는 다른 윤곽을 가지고
있으므로, 즉 윤곽이라는 특징을 추출하면 사진 속에 사람 얼굴이 있
는지 판단할 수 있습니다.

1) 윤곽(輪廓):
사물의 테두리나
대강의 모습

윤곽의 특징 추출

이미지에서 객체의 윤곽은 일반적으로 한 개의 곡선으로 구성되어
있으며, 임의의 형태와 크기를 결정하고 있습니다.

윤곽의 곡선을 여러 개의 선분으로 나눌 수 있으며, 각 선분을 직선에 가깝게 만들 수 있습니다.

그다음에는 이 직선의 방향을 찾아낼 수 있습니다. 예를 들면 가로, 세로, 왼쪽으로 45도 또는 오른쪽으로 45도, 윤곽이 나타나지 않는 등 방향을 찾을 수 있습니다. 서로 다른 방향을 가진 특징에 대해 수치값을 부여하면 윤곽의 특징을 수치화하여 설명할 수 있습니다.

마지막으로, 모든 선분들에 대응하는 특징을 연결하면 완전한 윤곽의 특징을 얻을 수 있습니다. 윤곽의 특징을 추출하는 과정은 [그림 7-8]과 같습니다.

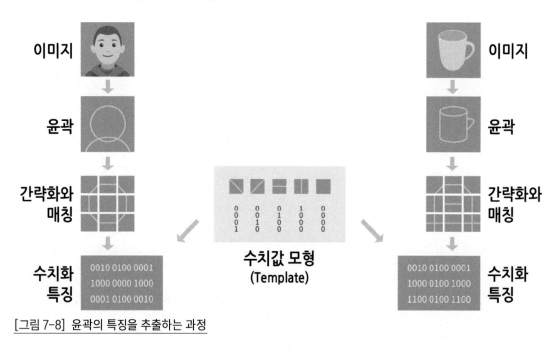

[그림 7-8] 윤곽의 특징을 추출하는 과정

위의 알고리즘으로 추출한 특징을 사용하면 원본 이미지의 객체 윤곽 정보를 유지하면서 색상 등 필요하지 않은 다른 부분의 속성을 걸러낼 수 있습니다.

이러한 특징을 사용하는 것은 얼굴 인식 문제에서 객체의 윤곽이 중요하다는 것을 알고 있기 때문입니다. 현재 이미지 인식에 널리 사용되고 있는 기울기 방향 히스토그램(HOG)[2]은 이러한 특징을 바탕으로 설계된 알고리즘이 발전한 것입니다. 윤곽의 특징을 분류기로 훈련하면 얼굴 인식 문제를 해결할 수 있으므로 다음 예제에서 구현해 보도록 합니다.

2) 기울기 방향 히스토그램(Histograms of Oriented Gradients)：특징 주변의 픽셀들의 기울기 매트릭스를 방향별로 히스토그램으로 표현한 알고리즘

예제

extract_hog 함수를 사용하여 이미지 윤곽의 특징을 추출하고, 분류기를 훈련하여 이미지에 사람 얼굴이 있는지 확인하시오.

프로그램 예:

```
img_list = []                  # 이미지 목록
label_list = []                # 분류 목록
feat_list = []                 # 빈 특징 목록
for img in img_list:           # 이미지 목록에 있는 각 이미지
    feat = extract_hog(img)    # 기울기 방향 히스토그램으로
                                 특징 추출
    feat_list.append(feat)     # 추출한 특징을 특징 목록에 추가
model = LinearClassifier()
model.train(feat_list, label)  # 추출한 특징으로 분류기 훈련
```

연습

1. 데이터 세트 이외의 이미지를 선택하고, 기울기 방향 히스토그램으로 특징을 추출하여 윤곽을 관찰한 다음, 훈련이 완료된 분류기에서 분류를 진행하시오. 그리고 결과가 정확한지 검사하시오.

2. 윤곽이 사람 얼굴과 비슷하지만 사람 얼굴이 들어 있지 않은 이미지를 선택하여 위와 같은 단계를 반복하여 실행하시오.

단원 정리

이 절에서는 전형적인 머신 비전의 과정을 학습하였습니다. 먼저 이미지의 특징을 추출하고, 기계학습 모델을 훈련하였습니다. 딥러닝 개발 전에는 이러한 방법이 머신 비전의 주요 방법이었습니다.

[자체 평가]

학습 내용	학습 평가		
특징과 개념의 작용	☐ 매우 우수	☐ 우수	☐ 보통
이미지의 특징	☐ 매우 우수	☐ 우수	☐ 보통
윤곽 특징의 추출 방법	☐ 매우 우수	☐ 우수	☐ 보통

7.3 딥러닝 기초

효과적인 이미지 특징과 기계학습 모델의 조합은 머신 비전 분야에 적용되어 많은 문제를 해결하고 큰 발전을 가져왔지만 성능은 여전히 사람들의 기대에 미치지 못했습니다.

앞 절의 실험에서 인간이 설계한 윤곽 특징을 사용하여 소형 얼굴 인식 시스템을 구성해 보았습니다. 하지만 윤곽 특징은 윤곽만 추출하고 색상 등 다른 속성은 걸러내기 때문에 사람 얼굴과 비슷한 이미지를 사용하면 시스템이 잘못된 판단을 할 가능성이 큽니다.

그 이유는 인간이 설계한 특징이 너무 단순하기 때문입니다. 윤곽 특징이든 다른 유형의 이미지 특징이든, 모두 이미지를 대략적으로 나타냅니다. 인간 시각 시스템이 복잡하고 파악된 부분이 한계가 있어 효과적인 특징 추출 알고리즘을 설계하는 것은 매우 어렵습니다. 그 때문에 특징에 기반한 방법은 조금씩 더 연산 속도 성능의 걸림돌이 되었습니다.

하지만 딥러닝 기술의 출현으로 머신 비전은 새롭게 발전할 수 있게 되었습니다. 합성곱 신경망(CNN)으로 대표되는 딥러닝 기술은 머신 비전의 많은 응용 분야에서 크게 활용되었습니다. 딥러닝 방법과 기존의 특징 기반 방법의 가장 큰 차이점은 전형적인 특징 추출 알고리즘이 인간이 특징을 추출하는 반면, 딥러닝 방법은 데이터에서 자동으로 효과적인 특징을 추출하는 알고리즘입니다.

딥러닝 방법 중에서 심층 신경망[3], 특히 합성곱 신경망은 많이 사용되는 발달된 기술입니다. 이어서 합성곱 신경망으로 이미지에서 특징

3) 심층신경망(DNN, Deep Neural Network): 입력층(input layer)과 출력층(output layer) 사이에 다중의 은닉층(hidden layer)을 포함하는 인공신경망(ANN)

을 추출하는 과정과 합성곱 신경망이 어떻게 데이터에서 자동으로 학습하여 효과적인 특징의 알고리즘을 추출하는지 알아보겠습니다.

합성곱 신경망[4]

4) 합성곱 신경망(CNN, Convolutional neural network): 시각적 영상을 분석하는 데 사용되는 다층의 인공신경망

아래 [그림 7-9]은 합성곱 신경망이 이미지에서 특징을 추출하는 과정과 최종적으로 분류하는 과정입니다.

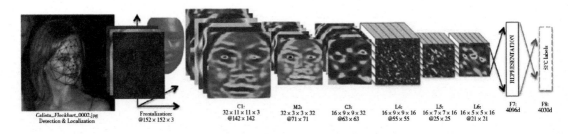

[그림 7-9] 합성곱 신경망이 이미지에서 특징을 추출하는 과정

합성곱 신경망은 여러 개의 '층(Layer)'으로 구성되어 있으며, 각 '층'은 특정 연산을 실행할 수 있습니다. 신경망의 첫 번째 '층'은 이미지를 입력하여 해당하는 연산을 실행하여 결과를 출력합니다. 출력은 이미지의 픽셀에서 연산되었으므로 특징으로 볼 수 있으며, 또한 직사각형 형태를 유지하는 특징 맵(Feature Map)을 만듭니다. 뒤 '층'은 앞 '층'에서 출력한 특징 맵의 입력이며, 연산이 계속 진행되면서 새로운 특징 맵이 출력됩니다. 몇 가지 연산 '층'을 거쳐, 최종 출력한 특징을 선형 분류기에 입력하여 최종 분류 작업을 완료합니다.

특징의 계층별 추출은 이미지에서 정보를 점진적으로 추출하는 과정입니다. 일반적으로 첫 번째 '층'의 출력된 특징 맵은 가장자리(edge), 질감(texture) 등과 같은 픽셀 간의 부분적인 관계에 대한 속성만 유지합니다. 이 특징을 이미지의 픽셀 표현에 더욱더 가까운 저수준 특징이라고 합니다.

'층'이 많아질수록 나중에 만들어진 특징 맵에는 이미지의 부분적인 객체 정보인 눈, 코, 입 등의 얼굴에 대한 정보가 점차적으로 포함됩니다. 이때 특징은 인간의 인지 개념을 나타낼 수 있으며, 이처럼 인간의 인식에 가까운 특징을 고수준 특징이라고 부릅니다.

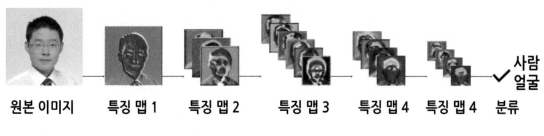

원본 이미지   특징 맵 1   특징 맵 2   특징 맵 3   특징 맵 4   특징 맵 4   분류

[그림 7-10] 합성곱 신경망의 저수준, 고수준 특징

이어서 연산 '층'의 세부사항을 살펴보겠습니다. 다음 [그림 7-11]은 연산 '층'이 실행할 수 있는 세 가지 종류의 연산과 각 '층'에 해당하는 매개변수를 보여 줍니다. 그림에서 왼쪽은 입력 이미지, 가운데는 연산 매개변수, 오른쪽은 대응하는 출력 이미지를 나타냅니다. 여기서 서로 다른 매개변수를 사용하면 추출된 특징이 다르다는 것을 알 수 있습니다. 합성곱 신경망은 이러한 방식으로 입력한 이미지에서 다른 특징들을 추출합니다.

61

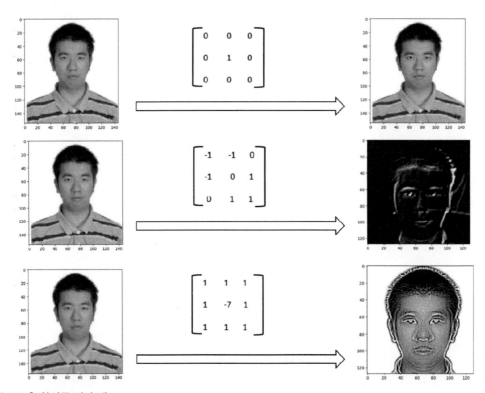

[그림 7-11] 합성곱 연산 예

5) 단대단(End-to-End):
종단간이라고도 하
며, 데이터(입력)에
서 목표한 결과(출
력)를 기계가 스스
로 진행한다는 뜻

단대단(End-to-End)[5] 학습

어떠한 매개변수를 사용해야 적합한 특징을 추출하여 얼굴 인식 작업을 완성할 수 있을까요? 여기서 합성곱 신경망의 단대단(End-to-End) 학습을 떠올릴 수 있습니다. 합성곱 신경망은 데이터에서 적합한 매개변수를 스스로 학습할 수 있습니다. 충분한 데이터를 제공하기만 하면 신경망이 알아서 목표를 완성합니다.

이러한 개념을 이해하기 위해 전형적인 특징 추출 방법과 딥러닝 방법을 비교해 보겠습니다.

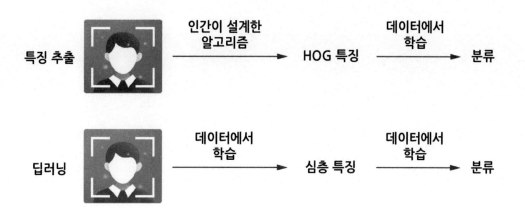

[그림 7-12] 인간이 설계한 특징과 데이터 학습 특징의 비교

    전통적인 특징 추출 방법은 인간이 설계한 알고리즘을 사용하여 이미지에서 특징을 추출한 다음, 추출한 특징을 사용하여 분류기를 훈련하였습니다. 여기서 특징 추출과 분류기 훈련은 상대적으로 분리된 두 개의 부분으로, 분류기는 데이터에서 알고리즘을 학습하지만, 특징 추출은 사전에 설계가 되어 있어 기계학습과 같은 방법으로 최적화[6] 학습을 하고 수정할 수 없습니다.

    하지만 딥러닝 방법에서는 입력단 이미지에서 중간 특징, 출력단 판별 결과에 이르기까지 전체 과정이 연속적이며, 특징 추출과 분류 사이에 명확한 경계가 없습니다. 입력단에 훈련 이미지를 제공하고 출력단에서 해당 판단 결과를 제공하면 신경망은 스스로 매개변수를 학습할 수 있습니다. 가공하지 않은 원시(Raw) 입력에서 최종 출력까지의 과정은 학습과 수정이 가능한 전체 과정으로 구성되며, 학습 과정에서 각 모듈의 수정 과정을 단대단 학습이라고 합니다. 단대단 학습은 딥러닝 방법과 기존 특징 추출 방법의 본질적인 차이입니다. 단대단 학습은 신경망에 강력한 학습 능력을 제공하였으며, 기존 특징 추출 방법을 넘어 복잡한 머신 비전 문제에 사용되었습니다.

6) 최적화(Optimization): 신경망 분야에서 손실함수의 값을 최소화하는 하이퍼 파라미터의 값을 찾는 것

오차 역전파법

　오차 역전파법은 신경망 학습에서 사용하는 알고리즘입니다. 이 알고리즘의 대략적인 과정은 다음과 같습니다.

　신경망에 이미지를 입력한 다음 '층'마다 특징을 연산해서 분류 결과를 출력합니다. 그리고 출력한 분류 결과와 실제 분류 목록과 비교합니다. 만약 분류가 틀렸다면 반대로 출력부터 입력까지 '층'마다 특징을 다시 연산하여 매개변수를 수정합니다. 알고리즘의 명칭인 '역전파법'도 여기에서 유래되었습니다.

　오차 역전파법은 1960년대 제어 분야에서 최초로 제기하였으며, 1970년대 한 과학자가 신경망 학습에 응용할 수 있다고 제안하였습니다. 1986년 제프리 힌턴(Geoffrey Hinton)과 공동 연구자들이 《네이처》지에 〈오차역 전파법을 사용한 특징 표현 학습(Learning representations by back-propagating errors)〉이라는 논문을 발표한 이후, 오차 역전파법은 학계에서 주목을 받았습니다. 오차 역전파법은 신경망 학습을 위한 가장 중요한 알고리즘 중 하나입니다.

연습

신경망을 훈련하여 얼굴 인식 문제를 마무리하시오.
이 연습에서 신경망을 훈련하여 얼굴 인식 문제에 사용해 봅시다.

연습 순서:
1. 사람 얼굴 이미지와 사람 얼굴 이미지가 아닌 데이터 집합을 다운로드한다.
2. 합성곱 신경망을 초기화한다.
3. 다운로드한 데이터 집합으로 신경망을 훈련한다.
4. 데이터 집합 이외의 이미지를 한 장 가져와 훈련이 완성된 신경망을 사용해 이미지 안에 사람 얼굴이 있는지 분류해 본다. 마지막으로 신경망의 결과가 정확한지 확인한다.

단원 정리

이 절에서는 기초적인 딥러닝 방법을 학습하였습니다. 딥러닝 방법은 여러 '층'의 연산 구조로 구성되었으며, 이미지 또는 다른 입력에서 특징을 추출합니다. 딥러닝 방법은 단대단 학습을 진행하며, 특징 추출에서 분류까지 모두 데이터로 학습을 진행합니다. 이것이 특징 추출 방법과의 가장 큰 차이점입니다. 마지막으로 오차 역전파법을 간단히 소개하였습니다.

[자체 평가]

학습 내용	학습 평가		
합성곱 신경망의 연산층	☐ 매우 우수	☐ 우수	☐ 보통
저수준 특징과 고수준 특징	☐ 매우 우수	☐ 우수	☐ 보통
연산층의 매개변수	☐ 매우 우수	☐ 우수	☐ 보통
단대단 학습	☐ 매우 우수	☐ 우수	☐ 보통
오차 역전파법의 개념	☐ 매우 우수	☐ 우수	☐ 보통

7.4 딥러닝 특징으로 얼굴 인식

이미 합성곱 신경망으로 빠르고 효과적으로 특징을 추출할 수 있으며, 이미지를 인간의 인지 영역에 가까운 고수준 특징으로 변환할 수 있다는 것을 배웠습니다. 하지만 간단한 얼굴 인식 실험은 심층 신경망의 일부분만 보여 줍니다.

이 절에서는 합성곱 신경망으로 추출한 얼굴 특징으로 딥러닝을 깊이 있게 다룰 것입니다.

이미 알고 있듯이, 이미지를 인식하려면 이미지의 특징을 추출하고 분류해야 합니다. 합성곱 신경망은 이러한 과정을 자동으로 완성할 수 있습니다. [그림 7-13]은 얼굴을 인식하는 과정에 사용된 합성곱 신경망의 설명도입니다. 이 예에서 합성곱 신경망은 먼저 얼굴 이미지를 128개의 특징 맵으로 변환한 다음, 특징을 분류하였습니다. 이러한 합성곱 신경망은 수만 명, 심지어 수백만 명의 얼굴 인식을 처리할 수 있습니다. 이렇게 많은 얼굴을 인식하기 위해서는 신경망이 사람마다 이미지의 특징에 차이가 있다는 것과 동일한 사람의 다양한 이미지는 얼굴 특징이 같다는 것을 인식할 수 있어야 합니다.

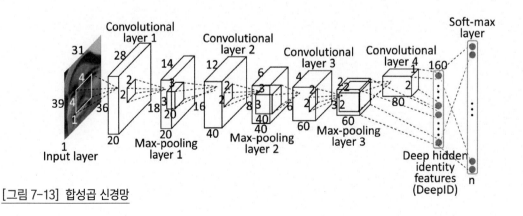

[그림 7-13] 합성곱 신경망

대규모 얼굴 데이터로 훈련한 '층'의 특징 맵은 매우 뛰어난 표현력을 가지게 됩니다. 각각은 모두 특징이 될 수 있습니다. 이러한 특징은 얼굴이 남자인지 여자인지, 얼굴형이 달걀형인지 다른 유형인지, 피부가 하얀지 검은지 등을 구별할 수 있습니다. 대부분의 특징은 신경망에 의해 자동으로 학습됩니다.

128개의 특징 맵을 2차원으로 압축한 다음 시각화를 하면 생김새가 비슷한 사람의 얼굴은 비교적 가까워지고, 남자와 여자는 뚜렷하게 서로 다른 구역에 분포되어 있으며, 인종이 다르면 서로 멀리 떨어져 있다는 것을 알 수 있습니다. 이것은 이러한 특징은 사람의 얼굴을 높은 수준으로 추상화[7] 했다는 것을 보여 줍니다.

7) 추상화(abstraction): 복잡한 자료, 모듈, 시스템 등으로부터 핵심적인 개념 또는 기능을 간추려 내는 것

[그림 7-14] 특징 맵을 2차원으로 압축하여 시각화

따라서 이러한 방식으로 얻은 얼굴 특징을 사용하여 많은 작업을 실행할 수 있습니다.

얼굴에는 남녀 구분, 안경을 썼는지 여부 등과 같은 다양한 속성이 있습니다. 이러한 속성 문제는 대부분 이진 분류(binary classification) 문제입니다. 이어서 딥러닝 특징으로 이미지 속 인물의 속성을 분류할 수 있는지 알아 보겠습니다.

예제

딥러닝으로 학습한 특징을 사용하여 얼굴 인식 분류기를 훈련하고 "test.jpg"를 분류해 보시오.

프로그램 예:

```
img_list = []              # 이미지 목록
label_list = []            # 얼굴 속성의 정의, 예를 들면 성별
feature = extract_verify_feature(img_list)  # 얼굴 검증
                                              특징 추출

model = LinearClassifier()
model.train(feature, label_list)  # 추출한 특징으로 분류기 훈련
test_feature = extract_verify_feature('test.jpg')
test_label = model.predict(test_feature)  # 새로운 이미지
                                             테스트

print(test_label)
```

1. 딥러닝의 특징을 기울기 방향 히스토그램으로 변환하고, 기울기 방향 히스토그램을 사용한 분류가 정확한지 확인하시오.

2. 프로그램을 작성하여 10장 정도의 사진을 테스트한 다음, 딥러닝 분류 방법의 정확도를 확인하시오.

이 외에도 자신이 가지고 있는 사진으로 직접 얼굴 인식 분류기를 훈련해 볼 수 있습니다.

예제

안경을 쓴 사람 사진 10장과 안경을 쓰지 않은 사람의 사진 10장으로 안경 인식 분류기를 훈련해 보시오.

프로그램 예:

```
img_list = []        # 이미지 목록
label = []           # 분류 목록
feature = extract_verify_feature(img_list)
model = LinearClassifier()
model.train(feature, label)
```

위와 같이 안경을 썼는지 안 썼는지를 판단할 수 있는 분류기를 훈련할 수 있습니다.

이 외에도 다양한 데이터 세트를 사용하여 다양한 얼굴 속성을 얻을 수 있습니다.

[그림 7-15] 다양한 얼굴 속성

　　이러한 얼굴 속성은 얼굴의 공간을 여러 개로 분리합니다. 딥러닝이 개발되기 전에는 얼굴 속성을 먼저 추출한 다음, 얼굴을 인식하여 일정한 효과를 얻을 수 있었습니다.

　　하지만 일부 얼굴 속성은 구분하기 어렵습니다. 예를 들면 얼굴형은 구분하기 어려운 얼굴 속성에 속합니다. 딥러닝의 발전에 따라 컴퓨터는 실제로 데이터에서 이러한 속성을 자동으로 처리하였습니다. 데이터의 양적 증가에 따라 이러한 신경망이 처리하는 속성은 인간이 정의한 속성을 넘어 더욱 뛰어난 성능을 가지게 되었습니다.

단원 정리

　이 절에서는 합성곱 신경망에서 추출한 얼굴 특징을 자세히 다루었습니다. 신경망 훈련 과정에서 이러한 특징은 자동으로 얼굴 속성을 학습합니다. 딥러닝 특징을 사용하면 얼굴 속성의 분류 문제를 해결할 수 있습니다.

[자체 평가]

학습 내용	학습 평가		
딥러닝 특징으로 얼굴 속성 구분하기	□ 매우 우수	□ 우수	□ 보통

7.5 카메라는 어떻게 얼굴을 인식하는가?

　일상에서 가족과 친구를 만나면 스마트폰으로 사진을 찍습니다. 스마트폰으로 사진을 찍으면 사진 속 사람의 얼굴을 찾아낼 수 있으며, 주소록에 등록된 프로필 사진과 연결하면 스마트폰 애플리케이션은 사진 속 얼굴에 그 사람의 이름을 표시할 수도 있습니다. 이렇게 흥미로운 애플리케이션은 어떻게 구현될까요?

　사진에서 얼굴을 찾아내는 과정을 얼굴 검출(face detection)이라고 하며, 얼굴 특징을 기반으로 누구인지를 알아내는 과정을 얼굴 인식이라고 합니다. 딥러닝 기술을 사용하여 이 장의 시작 부문에서 제기된 질문(대상을 이미지에서 검출)을 어떻게 해결할 수 있는지 알 수 있습니다. 먼저 이미지에 사람 얼굴이 있는지 확인해 봅니다.

얼굴 검출 문제에서는 사진에 얼굴이 있는지뿐만 아니라 얼굴의 수, 모든 얼굴의 크기와 위치를 판단해야 합니다. 따라서 얼굴 검출은 매우 어려운 문제입니다. 상상해 보세요. 만약 증명사진이 아닌, 단체 사진에서 크기가 다양한 얼굴이 있다면 어떻게 사람을 찾을 수 있을까요?

이 문제는 간단한 분류 문제가 아닙니다. 하지만 알고리즘 설계자들은 효과적인 전략으로 검출 문제와 분류 문제를 연결하였습니다. 비록 얼굴이 어디에 있는지 정확하게 모르지만 위치에 대해 판단할 수 있습니다.

모든 판단은 이진 분류(Binary classification) 문제에 속합니다. 얼굴의 크기를 알 수 없으므로 가능한 모든 이미지의 특정 크기에 얼굴이 있는지 없는지 판단합니다. 마지막으로 모든 분류 결과를 종합하면 사진 속 얼굴들을 찾을 수 있습니다.

가장 직접적인 방법에는 [그림 7-16]과 같은 슬라이딩 윈도우(sliding window) 방법이 있습니다.

800×600 픽셀의 사진을 예로 들어 보면, 10픽셀마다 한 개의 기준점을 정하고 각 위치에 400×400, 300×300, 200×200, 100×100, 50×50, 30×30, 10×10의 7가지 크기를 사용하여 판단합니다.

[그림 7-16] 슬라이딩 윈도우 방법을 사용한 전체 이미지 얼굴 검출

생각과 토론

슬라이딩 윈도우 방법은 몇 번의 이진 분류법으로 판단해야 되는지 계산해 봅시다. 컴퓨터에서 이와 같은 방법을 구현하는 것이 가능한 이유는 무엇 인가요? 이러한 방법의 단점은 무엇인가요?

더 효율적인 방법으로 정확도는 높지 않지만 속도가 빠른 방법을 사용할 수 있습니다. 먼저 얼굴이 있다고 추정되는 범위를 찾아낸 다음, 빠르게 범위를 좁히는 것입니다. 범위가 확정된 다음, 느리지만 정확도가 높은 알고리즘을 사용하여 얼굴의 위치를 판단합니다. 이러한 방법을 후보 영역(Region Proposal) 방법이라고 하며, 이 방법을 사용하면 슬라이딩 윈도우 방법보다 효율성이 훨씬 높아집니다.

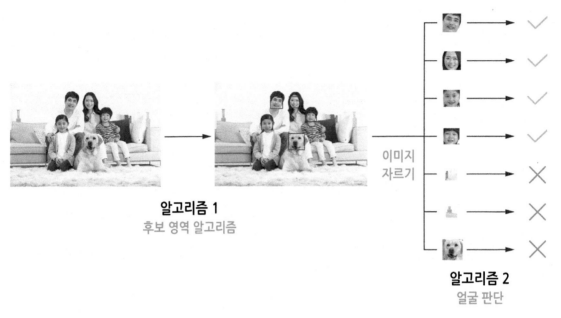

알고리즘 1
후보 영역 알고리즘

이미지
자르기

알고리즘 2
얼굴 판단

[그림 7-17] 후보 영역 방법

단원 정리

이 절에서는 얼굴 검출, 슬라이딩 윈도우, 후보 영역 방법을 학습하였습니다.

[자체 평가]

학습 내용	학습 평가		
이미지에서 얼굴 검출	☐ 매우 우수	☐ 우수	☐ 보통

7.6 딥러닝의 응용

이 절에서는 딥러닝의 발전에 따라 인공지능이 생활에 미치는 분야에 대해 학습합니다. 일부 분야에서 불가능했던 작업들이 딥러닝으로 인해 가능해졌습니다. 이어서 딥러닝의 영상 감시, 무인 자율 주행, 의료 영상과 심층 강화학습의 응용에 대해 차례로 학습하게 됩니다.

영상 감시

이미 앞에서 얼굴 검출, 얼굴 키포인트 추출 및 얼굴 인식에 대해 배웠습니다. 이 세 가지를 결합하면 기초적인 영상 감시 시스템을 구축할 수 있습니다. 유무선 네트워크와 고화질 카메라를 사용해 영상 데이터를 서버에 전송하면, 서버는 먼저 얼굴을 검출하고, 얼굴의 키포인트 추출을 한 다음, 정보들을 하나로 만들어 얼굴 인식 심층 신경망에 보내면 얼굴 인식을 할 수 있습니다.

이러한 시스템을 응용하면 수배 중인 범죄 용의자의 위치를 탐지할 수 있습니다. 또 길을 잃은 노인이나 아동을 찾을 수 있으며, 화면으로 외부 방문인의 동선을 감시할 수 있습니다.

[그림 7-18] 영상 감시

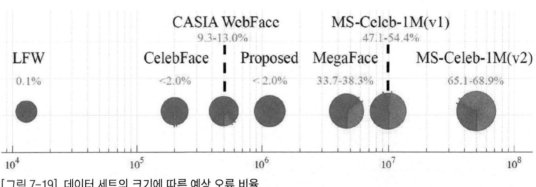

[그림 7-19] 데이터 세트의 크기에 따른 예상 오류 비율

2000년에 실시간 얼굴 검출이 가능했지만, 당시 얼굴 검출 시스템으로는 10명 정도만 인지할 수 있었습니다. 데이터 세트가 증가함에 따라 2012년에 이르러 얼굴 인식의 정확도는 93%에 도달하였습니다.

하지만 실제 현장에 있어 93%의 얼굴 인식의 정확도는 충분하지 않습니다. 만약 이러한 알고리즘을 스마트폰의 잠금 해제에 적용하면, 오차율이 7%이므로 15명의 사람 중 한 사람은 다른 사람 소유인 스마트폰의 잠금을 해제할 수 있습니다. 또한, 하루 100만 명이 이용하는 지하철역에서 한 사람을 찾는 경우라 한다면 수만 건의 오류가 발생할 수 있기 때문에 이 알고리즘을 사용할 수 없습니다.

2012년 이후 얼굴 인식 훈련 세트는 질적, 양적으로 꾸준히 발전하고 있습니다. 기존 알고리즘에서는 데이터가 일정량에 도달하면 더 이상의 데이터를 받아들이지 못하는 상태가 발생합니다. 하지만 딥러닝은 그렇지 않습니다. 딥러닝은 데이터의 증가에 계속 성능이 향상되고 있습니다.

2013년 이후 딥러닝의 얼굴 인식 성능은 점차 인간의 능력을 넘어섰습니다. 현재 얼굴 인식 시스템은 지하철역을 통과하는 100만 명의 사람 중에서 80% 이상의 확률로 범죄 용의자를 찾아낼 수 있습니다. 이 경우 경찰은 약 100건 정도의 오류 탐지(10,000분의 1 정도의 오류)를 확인하면 됩니다. 이 작업량은 경찰의 업무 효율을 200배 정도 높이는 것과 같습니다. 이 정확도는 딥러닝의 발전에 따라 계속해서 향상될 것입니다. 현재 영상 감시 시스템은 지속해서 발전하고 있으며, 미래의 영상 감시 시스템은 사람의 얼굴뿐만 아니라 옷차림 등과 같은 더 많은 정보를 인지할 수 있을 것입니다.

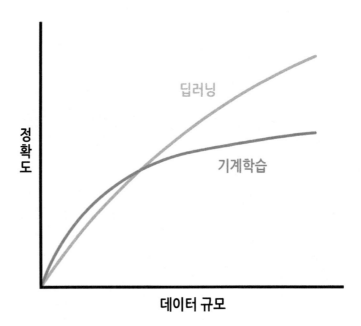

[그림 7-20]
데이터 증가에 따른
딥러닝의 정확도

무인 자율 주행

무인 자율 주행 자동차의 역사는 2004년 12월, 미국방위고등연구기획국(DARPA)에서 자율 주행 자동차 경주대회를 캘리포니아의 모하비사막에서 개최했습니다. 이 대회 참가자들은 주최 측에서 제시한 과제인 자율 주행 자동차를 타고 모하비사막을 가로지르는 240km 코스에 도전했습니다. 그러나 제1회 DARPA 자율 주행 자동차 경주대회에서는 그 어떤 팀도 성공하지 못했습니다. 1등은 카네기멜론대학 팀으로 주행 거리는 12km였습니다.

하지만 그다음 해에는 5개의 팀이 자율 주행으로 완주에 성공하였습니다. 1등은 스탠퍼드대학 팀, 2등과 3등은 카네기멜론대학 팀이 차지했습니다.

[그림 7-21] DARPA가 개최한 사막 무인 자동차 경주대회

제1회 DARPA 자율 주행 자동차 경주대회에 참가한 팀의 교수와 팀 원들은 나중에 구글에 영입되어 무인 자율 주행 연구를 이끌었습니다.

구글은 "지금 목표는 자동차 사용을 근본적으로 혁신함으로써 교통 사고 예방, 시간의 자유로운 활용, 탄소 배출 감축을 꾀하는 것"이라 발 표했습니다.

2009년부터 구글은 일반 차량을 개조해 자율 주행 자동차를 개발하 고 시험 주행을 해 왔습니다. 이 자동차는 비디오 카메라, 방향 표시기, 인공지능 소프트웨어, 위성 위치 정보시스템(GPS), 여러 가지 센서 등을 기반으로 작동됩니다.

2015년 TED 강연에서 구글은 자율 주행 자동차와 일반 자동차를 비교하였습니다. 주행 거리가 동일할 때 자율 주행 주행차의 사고율은 일반 자동차의 절반에 불과했습니다. 무인 자율 주행 자동차의 시대가 머지않은 미래에 실현될 것입니다.

[그림 7-22] 무인 자동차의 자율 주행

자율 주행의 등급

등급이 높을수록 자율성이 강합니다. 등급에 따라 자율 주행 자동차의 센서와 기술에 차이가 있습니다.

예를 들어 L1 등급의 자율 주행 자동차의 브레이크 잠김 방지 장치(ABS, Anti-Lock Brake System)는 시각 감지 장치가 필요하지 않습니다. L2 이상의 자율 주행 자동차는 차선 이탈 방지 시스템 등 기능이 포함되어 있으므로 차선과 주행 가능 구역을 파악하기 위한 카메라(Camera) 등 장치가 필요합니다. L3 이상의 자율 주행 자동차는 더 높은 주행 권한이 있으므로 카메라, 레이다(Radar), 레이저 레이다(LiDAR)[8] 등 주위를 감지할 수 있는 장치가 필요합니다. 또한, L4 자율 주행 자동차는 주변 환경을 감지할 수 있을 뿐만 아니라, 자신의 위치를 추적해야 하므로

8) 라이다(LIDAR, Light Detection And Ranging): 레이저 펄스를 쏘고 반사되어 돌아오는 시간을 측정하여 반사체의 위치좌표를 측정하는 레이다 시스템.

정확도가 높은 지도가 필요하며, 관성 측정 장치(IMU)[8]에 의지해야 합니다. L5 자율 주행 자동차는 모든 상황에 적응해야 하므로 더욱 진보된 지능화가 필요하며, 감지와 제어 기능은 인간보다 높은 수준을 요구합니다.

8) 관성 측정 장치(IMU): 가속도계와 회전 속도계, 또는 자력계의 조합을 사용하여 신체의 특정한 힘, 각도 비율 및 신체를 둘러싼 자기장을 측정

자율 주행 등급		구분	자동차의 역할 (나머지는 사람이 담당)	운전 조작	주변 감지	돌발사태 대응	자율 주행 시점
NHTSA	SAE						
L0	L0	자동화 이전	• 알림, 경고 등	사람	사람	사람	없음
L1	L1	운전자 지원	• 방향 전환이나 속도 조절 중 하나를 담당 (예: 크루즈 컨트롤)	사람, 자동차	사람	사람	기능 켤 때
L2	L2	일부 자동화	• 방향 전환이나 속도 조절을 결합한 역할 (예: 차선 이탈 방지)	자동차	사람	사람	기능 켤 때
L3	L3	조건부 자동화	• 모든 운전을 담당 (비상시 사람의 개입을 요청)	자동차	자동차	사람	기능 켤 때
L4	L4	고도 자동화	• 모든 운전을 담당 (비상시 사람의 개입을 요청)	자동차	자동차	자동차	기능 켤 때
	L5	완전 자동화	• 항상 모든 운전을 담당	자동차	자동차	자동차	상시

[그림 7-23] 자율 주행 등급표

이어서 L4, L5 자율 주행 자동차가 어떻게 구현되는지 알아보겠습니다. 일반적으로 L4 이상의 자율 주행 자동차는 카메라, 레이다, 레이저 레이다 등의 센서가 필요합니다. 이 세 가지 감지 센서는 각각 장점이 있습니다. 레이다는 먼 거리를 탐지할 수 있고, 날씨의 영향을 적게 받습니다. 레이저 레이다는 감지 정확도가 높으며, 카메라는 의미 있는 정보들을 캡처할 수 있습니다.

먼저, 레이저 레이다는 주변의 객체들을 거의 완벽하게 감지할 수 있습니다. 레이저 레이다는 레이저를 발사하는데 객체와 부딪혀 반사된 레이저를 3차원의 포인트로 표시됩니다. 이러한 3차원 포인트가 밀집된 클라우드(point cloud)[9]를 형성하여 주변 객체의 분포 상황을 반영합니다.

9) 포인트 클라우드 point cloud): 좌표계에 속한 점들의 집합. 3차원 좌표계에서 점은 보통 X, Y, Z 좌표로 정의되며 사물의 표면을 나타내기 위해 사용

[그림 7-24] 무인 자동차 레이저 레이다의 감지 포인트 클라우드

3D 포인트가 클라우드를 형성하면 자율 주행 자동차는 주변 환경을 대부분 감지할 수 있습니다. 안전 각도에서 차량의 주행은 그 어떠한 '포인트'와도 접촉하지 않으면 됩니다.

하지만 이러한 클라우드는 부족하기 때문에 이를 인식하고 운동 방향과 속도 등의 정보를 알아야 합니다. 이럴 때는 흔히 카메라 정보를 가져와 포인트 클라우드 속의 차량, 행인 등의 물체를 검출하고, 그들의 움직이는 동선을 예측하여 충돌을 피해야 합니다. 또한, 카메라는 신호 등과 같은 교통 표지 정보를 포착해야 합니다.

무인 자율 주행 자동차 카메라의 기본적인 기능에는 감지와 분할이 있습니다. 카메라, 레이다, 레이저 레이다의 모든 정보는 일반적으로 각 물체를 입방체 공간에 나타냅니다.

[그림 7-25] 카메라의 길거리 풍경 분할

[그림 7-26] 구글 자율 주행 자동차(Waymo)의 다중 센서 공간

83

L4의 완전 자동 운전은 도로 위의 물체를 검출하는 것도 중요하지만 자율 주행 자동차의 위치 측정도 중요합니다. 이때는 정확도가 높은 지도(10cm 단위까지 정확한 지도)가 필요합니다. 자율 주행 자동차의 시작 단계에서는 GPS(Global Positioning System) 등 위치 측정 방법을 사용하여 자율 주행 자동차의 '출발' 위치를 확정해야 합니다. 주행 과정에서는 주로 관성 항법 시스템(INS, Inertial Navigation System)으로 자율 주행 자동차의 상대 속도[10]와 상대 위치를 계산합니다. 관성 항법 시스템은 차량의 매 순간의 가속도를 정확히 측정할 수 있으며, 주행을 시작한 위치와 최초의 속도를 알고 있는 상황에서 차량의 매 순간 속도와 위치를 계산할 수 있습니다. 위치 이동을 정확도가 높은 지도에 반영하면 정확한 위치 측정이 가능합니다.

10) 상대 속도: 관찰자가 관찰하는 대상의 속도. 즉 물체 A, B가 운동하고 있을 때 A와 함께 운동하고 있는 관측자가 B의 운동을 보았을 때의 속도

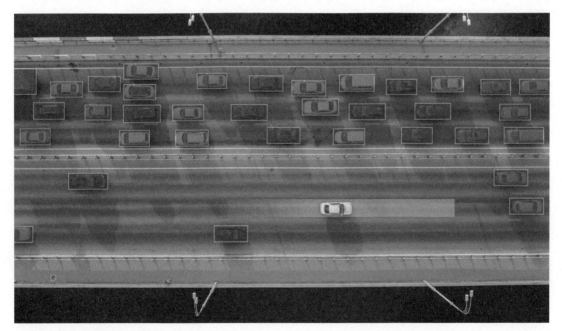

[그림 7-27] 자율 주행 차량의 도로 주행

자율 주행에서는 차량의 제어가 가장 중요합니다. 물체의 검출과 위치 측정이 완료되면 상황에 따라 차량이 어떤 조작을 해야 하는지 결정해야 합니다. 가장 기본적인 방법은 일부 규칙을 수동으로 설정하는 것입니다. 일반적으로 가장 먼저 프로그램에 '교통 규칙'을 작성합니다. 하지만 교통 규칙만으로 여러 상황을 판단하기에 부족하며, 다른 차량과 보행자들이 교통 규칙을 준수한다는 것을 보장할 수도 없습니다. 따라서 상황에 따라 더 복잡한 의사 결정이 필요하며, 이런 상황을 해결하기 위해 '학습' 방법이 필요합니다.

의료 영상

새롭게 발전된 딥러닝 기술은 의료 분야에서도 사용되고 있습니다. 의료 분야에서는 특정 장비를 사용하여 신체 조직이나 기관의 영상을 관찰하여 환자의 건강 상태를 진단하는 등 의료 영상이 자주 사용되고 있습니다. 최근 의료 기기와 정보 시스템이 동시에 발전함에 따라 의료인들은 점점 더 많은 의료 영상에 접할 수 있게 되었습니다. 이는 데이터양이 많을수록 의료 분야에서 딥러닝이 발전하고 자리 잡을 수 있다는 것을 의미합니다. 딥러닝의 영상 진단 및 치료 알고리즘이 일정 수준에 도달하면 실제로 의사의 진료를 보조할 수 있습니다.

예를 들면 의사는 난치병 치료에 더욱 집중할 수 있으며, 간단한 증상은 인공지능의 조언을 받아 치료할 수 있습니다. 또한, 인공지능이 어느 환자가 더 심하게 아프며, 먼저 진료해야 하는지 도움을 받을 수 있습니다.

예를 들어 구글이 인수한 인공지능 개발 기업 딥마인드(DeepMind)는 2018년 안과 OCT[11] 진단을 시험하였습니다. 딥마인드는 OCT 스캔 조직도 14,884건을 수집하여 안과 전문의가 직접 관련된 병리 조직, 병리 유형에 대해 진단 결과를 적도록 하였습니다. 그런 다음 딥마인드는 신경망 분류 훈련과 데이터 학습으로 의사 수준의 진단 결과를 얻고 병리 조직을 구분할 수 있게 되었습니다.

11) 빛간섭단층촬영 (OCT, Optical Coherence Tomography): 광학 단층 촬영, 눈의 다층 조직에 대해 비침입식 영상 진단을 할 수 있는 신기술

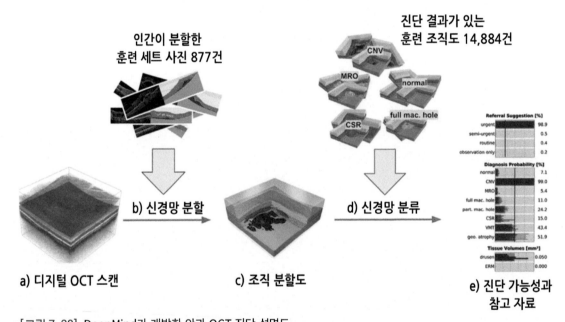

[그림 7-28] DeepMind가 개발한 안과 OCT 진단 설명도
(출처: J. Fauw 등 Clinically Applicable Deep Learning for Diagnosis and Reffrral in Retinal Disease)

딥마인드가 개발한 안과 OCT 진단 프로세스는 먼저 분할 신경망을 사용하여 각 구역의 조직을 진단합니다. 그런 다음 분류 신경망으로 환자의 질병이 무엇인지, 우선적으로 진료를 받아야 하는지 판단합니다.

첫 번째 신경망의 분할 결과는 두 번째 분류 신경망으로 전달되어 환자가 앓고 있는 질병과 질병의 정도를 판단하고 우선적으로 진료를 할지 결정합니다. 이 시스템은 이미 런던의 최고 안과 병원과 협력하고 있으며, 검증이 완료되면 멀지 않은 미래에 사용될 것입니다.

안과뿐만 아니라 다른 부위와 의료 장비의 영상 데이터 세트도 있습니다. 예를 들어 존스홉킨스대학은 2017년에 Chest-ray8과 Chest-ray14 데이터 세트를 발표하였는데, Chest-ray14 데이터 세트에는 10만 장의 흉부 사진과 14가지 질병의 영상이 포함되어 있습니다. 정확성에 대한 의문은 있지만, 이러한 데이터는 방사선 영상 진료의 원형인 AI 제품에 유효한 초기 데이터를 제공하였습니다.

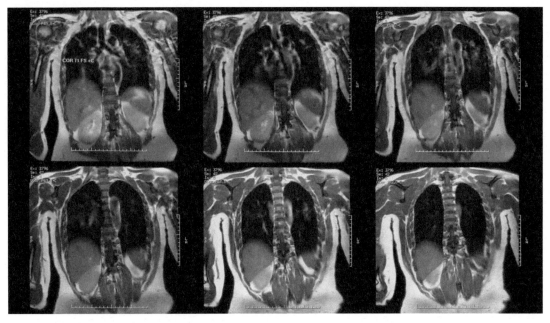

[그림 7-29] 흉부 질환의 투시 영상

이에 따라 자기공명 영상(MRI, magnetic resonance imaging), 나선형 CT 및 초음파 영상(ultrasound imaging)도 수집되어 지능형 의료 분야에 추가되었습니다. 일부 과학자들은 유전자 서열을 진단하고 치료하기 위한 딥러닝의 가능성을 연구하고 있습니다. 어쩌면 5~10년 안에 다양한 지능형 의료 기기를 볼 수 있을 것입니다.

심층 강화학습

널리 알려진 알파고(AlphaGo)가 2015년 프로 바둑 기사를 이기기 전의 인공지능으로는 딥블루(Deep Blue)가 있었습니다.

1997년 초, IBM이 개발한 딥블루 슈퍼 컴퓨터는 프로 체스 선수와 경쟁할 수 있는 수준에 이르렀습니다. 당시 컴퓨터는 주로 검색과 정리 전략을 채택했습니다. 즉 모든 가능성을 예측하여 가장 유리한 방식을 찾아냈습니다. 컴퓨터의 계산 능력이 점점 향상되면서, 예측의 범위도 점점 넓어졌습니다. 당시 슈퍼 컴퓨터가 출현했을 때, 비교적 간단한 알고리즘은 이미 프로 체스 선수의 수준을 능가하였습니다.

그 후 20년 동안, 인공지능 과학자들은 더 어려운 게임인 바둑에 도전해 왔습니다. 컴퓨터는 먼저 바둑의 상태 수(경우의 수), 의사 결정, 의사 결정 공간과 전략 등 기본 개념을 이해해야 합니다. 모든 게임에서 플레이어 또는 AI 에이전트는 환경(예: 바둑)과 상호작용을 해야 합니다.

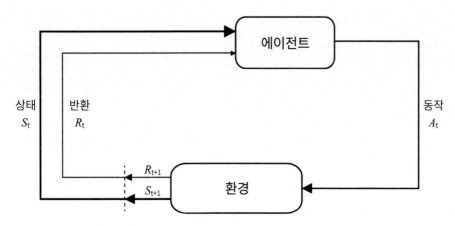

[그림 2-23] 심층 강화학습 설명도

매 순간 에이전트는 실행할 어떤 동작(action)을 선택할 수 있습니다. 이 동작은 환경에 영향을 주며, 게임 중 상태(state)를 바꿀 수 있습니다. 어떤 특정된 상태에서 에이전트는 보상(reward)을 받을 수 있습니다. 바둑과 같은 게임의 경우, 이기거나 지거나 또는 무승부 등 몇 가지 보상 모델만 있습니다.

인공지능이 게임에서 결정을 내릴 때 난이도에 대해 토론해 봅시다. 게임에서 나타날 가능성이 있는 상태를 상태 공간이라고 하는데, 게임에서는 여러 가지의 다른 상황이 나타날 수 있습니다. 체스의 경우, 상태 공간은 약 10의 48제곱입니다. 만약 알고리즘이 나타날 가능성이 없는 상태를 효과적으로 제거할 수 있다면, 슈퍼 컴퓨터의 도움으로 모든 체스의 상태를 열거할 수 있습니다. 그렇게 체스에서 인간을 이길 수 있게 되었습니다. 하지만 바둑의 상태 공간은 10의 172제곱이나 됩니다! 이 경우 모든 상태를 열거하는 것은 비현실적입니다.

그렇다면 어떻게 인공지능은 바둑 프로그램을 구현할까요? 바둑에 있어서, 인공지능이 가능한 동작은 19×19 = 361가지입니다. 만약 한 개의 상태에서 동작 함수를 얻을 수 있으면, 하나의 '전략'을 얻게 됩니다. 알파고(AlphaGo) 첫 번째 버전에서 과학자들은 일종의 '정책망(policy network)'을 훈련하였습니다. 지금까지 프로 바둑 기사의 기국을 분석하여 현재 바둑판에서 최적의 위치에 매핑 네트워크를 훈련하였습니다.

바둑돌을 놓는 위치를 판단하는 신경망을 훈련하면 바둑의 판세에는 효과적이지만, 국지적인 바둑의 사활에 대한 계산은 분명하지 않습니다.

그래서 과학자들은 가치망(value network)을 만들었습니다. 즉 바둑 전체 기국에서 승률을 계산하여, 어떤 국면에서 자신의 승률을 예측하는 것입니다.

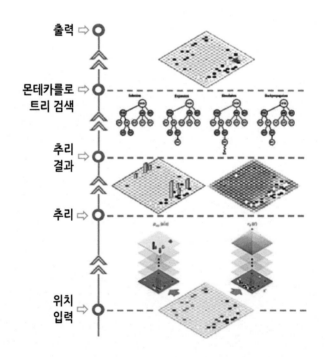

[그림 7-31]
알파고의 정책망과 가치망의 결합
(출처: Zheng 등 Hybrid-augmented intelligence : collaboration and cognition)

두 개의 신경망이 모두 초기화한 다음, 검색 방법을 결합하여 가치망으로 정책망의 결과를 수정하면 더 나은 바둑돌의 위치를 얻을 수 있습니다. 더 나아가 인공지능은 자신과 자신이 대국하는 방식으로 새로운 바둑의 기법을 축적할 수 있으며, 이렇게 데이터를 축적함으로써 가치망과 정책망의 성능을 향상시킬 수 있습니다. 이러한 학습 전략을 강화학습(Reinforcement learning) 알고리즘이라고 부릅니다.

바둑 문제를 '해결'한 다음, 인공지능은 더욱 복잡한 게임을 연구하기 시작했습니다. 그 연구 대상 게임으로 스타크래프트 2를 선택하였습니다. 스타크래프트 2에는 더욱 많은 동작 공간과 상태 공간이 있기 때문입니다.

또한, 이 게임은 실시간 즉각적으로 반응해야 하므로 바둑이나 장기처럼 생각(연산)할 시간을 주지 않습니다.

시야 이동을 고려하지 않는 간소화된 버전에서 알파스타(AlphaStar)는 1분당 작동 수 270(APM270, 반응 지연 350밀리초)인 상황에서 프로 선수인 MaNa를 10:1의 성적으로 이겼습니다. 하지만 오프라인 게임에서 알파스타는 정상적인 시각(감지 가능한 모든 시야를 가지는 대신 시각을 바꿔야 함)을 사용하는 상황에서 프로 선수에게 패배했습니다.

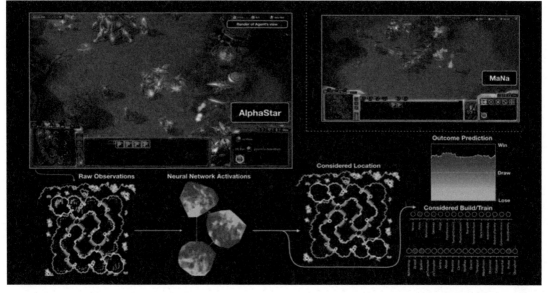

[그림 7-32] 알파스타의 내부 설명도

물론 이 결과에 대해서는 과학자들 사이에서 여전히 많은 논란이 있습니다. 어쨌든 인간은 인공지능처럼 어지러움을 느끼지 않으면서 시각 전환을 할 수 없으며, 분당 270의 정확한 조작을 할 수 없습니다.

어떻게 컴퓨터가 인간과 '공정하게' 경기를 할 수 있을 것인지, 어떻게 인공지능이 고도의 복잡한 게임을 학습할 것인지, 이것이 현재 딥러닝 연구의 핵심 과제 중 하나입니다.

단원 정리

이 절에서는 딥러닝이 영상 감시, 무인 자율 주행, 의료 영상 및 심층 강화학습 등의 분야에서 어떻게 활용되고 발전하는지 학습하였습니다. 인공지능이 인간의 삶에 가져올 커다란 변화를 실감하게 될 것입니다.

이 장의 요약

이 장에서는 기술의 발전 순서에 따라 차례대로 특징의 방법과 딥러닝의 방법을 학습하였고, 이 두 가지 방법이 어떻게 머신 비전에서 응용되는지에 대해 학습하였습니다.

특징의 방법은 인간이 설계한 특징 추출 알고리즘에 의존하고, 딥러닝 방법은 단대단(End-to-End) 학습을 실행할 수 있으며, 그 특징은 데이터에서 학습한 것이라는 두 가지 방법의 차이가 있습니다.

다음으로 딥러닝이 얼굴의 속성 분류 및 얼굴 검출 분야에 어떻게 응용되는지 학습하였습니다. 얼굴 속성 분류의 예시에서 딥러닝 방법으로 얻은 특징에는 일반적으로 의미 있는 정보가 포함되어 있으며, 이 정보를 사용하여 몇 가지 추가 작업을 할 수 있다는 것을 배웠습니다. 얼굴 검출 작업에서는 머신 비전의 중요한 작업인 검출 방법으로 슬라이드 윈도우와 후보 영역을 방법을 학습하였습니다.

제8장 음성 인식과 인간-컴퓨터 상호작용

언어는 일상생활에서 어디에나 존재합니다. 선생님의 가르침, 부모님의 충고, 친구들과의 소통 등은 모두 언어로 표현됩니다. 언어는 정보를 전달하는 매체로서 일상에서 소통의 편리함을 제공할 뿐만 아니라 문명의 발전에 중요한 역할을 하였습니다. 언어가 어떻게 탄생했는지 확실치 않지만, 언어와 지능이 아주 가까운 관계가 있다는 것은 확실합니다. 따라서 인공지능 분야에서는 컴퓨터가 자연어를 이해하고 처리할 수 있도록 개발하는 것이 핵심 과제 중 하나입니다. 이 장에서 자연어 처리가 적용된 음성 인식과 인간-컴퓨터 상호작용에 대해 학습할 것입니다.

인간과 컴퓨터는 어떻게 상호작용을 하고 있을까요? 일반적으로 마우스와 키보드를 사용하여 데이터를 입력한 다음, 모니터와 같은 출력 장치로 컴퓨터의 피드백을 받습니다. 컴퓨터에서 워드(Word) 프로그램을 실행하려면, 먼저 워드 프로그램의 아이콘을 더블 클릭하고, 키보드와 마우스로 워드 파일의 내용을 편집하면, 모니터에 편집하는 내용을 곧바로 확인할 수 있습니다.

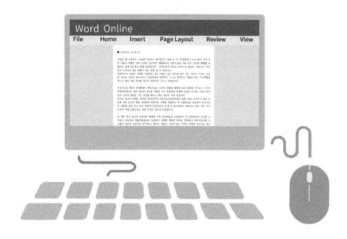

[그림 8-1]
마이크로소프트 오피스 워드 상호작용

스마트폰이 발명된 후, 인간과 컴퓨터의 상호작용은 점차 발전하여 스마트폰에 적용되고 있습니다. 사람들은 주로 화면 터치나 버튼을 사용해 스마트폰과 상호작용을 하고 있습니다.

이러한 상호작용 방법은 문제가 없지만 조작 절차가 다소 번거롭습니다. 간단한 작업 하나도 키보드나 마우스를 여러 차례 사용하여야 마무리할 수 있습니다. 더 간단한 방법으로 프로그램을 쉽게 제어할 수 없을까요? 당연히 할 수 있습니다. 본 장에서 학습하게 될 음성 인식은 다양한 장소에서 인간과 컴퓨터의 상호작용을 구현할 수 있는 간편한 방법입니다.

[그림 8-2]
스마트폰

　음성은 인간이 일상에서 소통하는 주요 방식으로 간편하고 직접적이라는 특징이 있습니다. 간단한 한마디로 복잡한 조작 또는 개념을 설명할 수 있으며, 이것이 자연어의 장점이기도 합니다.

　음성 인식에 기반한 새로운 인간과 컴퓨터의 상호작용은 생활에 큰 변화와 발전을 가져왔습니다. 음성으로 기계와 소통하는 방식은 낯설지 않습니다. 스마트폰에 있는 Siri, Bixby 등 인공지능 음성 인식 도우미는 항상 예의 바르게 여러 가지 도움을 줍니다. 단지 음성 인식 도우미에게 말을 하면 전화 걸기, 메시지 보내기, 알람 설정, 웹 검색 등과 같은 작업을 실행할 수 있습니다. 특히 터치스크린 조작을 하기 불편한 상태이거나, 장치에서 멀리 떨어져 있을 때도 음성 인식 도우미는 편리한 입력 방식입니다. 또 음성 인식 도우미는 장애인들에게도 희망을 주고 있습니다. 장애인들은 음성으로 집에 있는 장치들을 제어할 수 있습니다. 예를 들면 커튼을 열고, 커피를 끓이고, 텔레비전을 켜고, 문을 열고 닫는 것 등을 할 수 있습니다.

[그림 8-3] 아이폰의 음성 인식 도우미 "Siri"

생각과 토론

1. 일상생활에서 음성 방식으로 기계와 상호작용을 한 적 있나요?
2. 음성으로 상호작용하는 방식은 어떤 점이 편리한가요?
3. 기계는 어떻게 인간의 언어를 듣고 이해할까요?

이 장에서는 위와 같은 문제들을 하나하나 살펴보고 음성으로 컴퓨터와 상호작용을 하는 방법을 학습합니다. 매우 흥미로운 프로젝트인 '매직타워(魔塔)'에 음성 상호작용 시스템을 구축하면 음성 명령에 따라 프로그램의 캐릭터가 해당 명령을 수행할 수 있습니다.

9.1 소리의 본질은 무엇인가

먼저 음성 인식의 핵심 개념인 소리의 특성과 컴퓨터의 소리를 학습해 보겠습니다.

소리의 특성

음성 상호작용 시스템은 컴퓨터가 소리를 정확하게 듣고 인식하는 것을 전제로 합니다. 이 절에는 소리의 본질부터 학습합니다. 먼저 아래 생각과 토론과 같은 몇 가지 문제에 대해 생각해 봅시다.

생각과 토론

1. 소리는 무엇인가요?
2. 소리는 컴퓨터에서 어떠한 형식으로 저장하는가요?

이 문제들은 간단하게 들리지만, 자세히 생각해 보면 그 원리는 간단하지 않습니다. 이런 문제들을 정확히 파악하는 것은 다음에 자동 음성 인식을 배우는 데 중요한 의미가 있습니다.

물리 수업에서 소리가 발생하고 전달되는 원리를 배웠습니다. 소리는 물체의 진동에 의해 생성되고, 공기 또는 다른 매개체를 통해 전달되어 사람의 귀에 감지됩니다. 소리의 세기, 높낮이, 맵시(음색)를 소리의 3요소라고 합니다.

　소리의 세기는 음원의 진동 주파수에 의해 결정됩니다. 주파수가 높을수록 소리의 세기가 높고, 더 예리하게 들립니다. 주파수가 낮을수록 소리의 세기가 낮고 무겁게 들립니다. 여기서 주파수는 음원이 1초 동안 진동하는 횟수를 말하며, 단위는 헤르츠(Hz)입니다. 주파수가 20,000Hz(초당 진동 횟수가 20,000회 이상)보다 높은 음파를 초음파(supersound)라고 부르고, 주파수가 20Hz(초당 진동 횟수가 20회 미만)보다 낮은 음파를 초저주파(very low frequency)라고 부릅니다.

　소리의 높낮이는 음원의 진동 폭, 즉 진폭에 의해 결정됩니다. 음원이 진동할 때 기존 위치에서 제일 먼 거리를 진폭이라고 합니다. 진폭이 클수록 소리의 높낮이가 크며 소리가 크게 들리고, 진폭이 작을수록 소리의 높낮이가 낮고 소리가 낮게 들립니다. 예를 들어 소리를 크게 지르면 목구멍이 세게 진동하는 것을 느낄 수 있으며 소리도 더 커집니다. 이는 음원의 진폭을 더 높이기 때문에 소리의 높낮이가 높아지는 것입니다.

　소리의 맵시는 음원의 재질, 구조 등 특징에 의해 결정됩니다. 물체마다 진동 주파수와 진폭이 같아도 소리가 다르게 들리는 것은 소리의 맵시가 다르기 때문입니다. 예를 들어 악기마다 소리의 맵시가 다르므로 악기의 소리를 듣고 어떤 악기인지 판단할 수 있습니다. 이는 소리를 내는 악기의 재질이 다르기 때문입니다. 예를 들어 기타는 금속 줄을 사용하는 포크 기타와 나일론 줄을 사용하는 클래식 기타가 있는데, 연주할 때의 맵시는 매우 다릅니다.

나일론 줄

금속 줄

클래식 기타

포크 기타

[그림 8-4] 다른 재료의 줄을 사용한 기타

컴퓨터의 소리

스마트폰이나 컴퓨터로 음악을 들을 때 어떤 음악은 음질이 좋아 라이브 공연처럼 들리지만, 어떤 음악은 음질이 나빠서 현장감과는 거리가 멀게 들립니다. 음악의 음질은 '해상도[1]'라는 지표로 측정됩니다. 컴퓨터가 음악을 녹음할 때 수신된 음파는 자체 저장 및 처리에 편리한 오디오 파일(예:mp3 형식)로 변환됩니다. [그림 8-5]와 같이 음파에서 최종 mp3 파일까지 이르는 과정은 주로 세 단계를 거칩니다.

1) 해상도(Resolution): 오디오에서 해상도가 높으면 소리의 크기를 원본에 녹음된 소리대로 재현하고, 소리의 주파수를 재현하는 것

• **샘플링**(표본화): 컴퓨터의 제한적인 용량으로는 연속적인 아날로그 신호를 완전히 저장할 수 없습니다. 연속적인 신호를 컴퓨터로 처리하기 위해서는 일반적으로 특정 시간을 정해 제한된 소리의 샘플을

102

수집합니다. 이 과정을 샘플링이라고 합니다. 샘플링 주파수(sampling frequency)는 단위시간(초)당 수집된 샘플링의 횟수를 말합니다.

- **양자화**: 분산된 소리의 진폭을 데이터 포인트로 변환하여 샘플링 구간에 기록하는 과정입니다.
- **인코딩**(부호화): 인코딩은 정보를 어떤 형식이나 다른 형식으로 변환 하는 과정입니다.

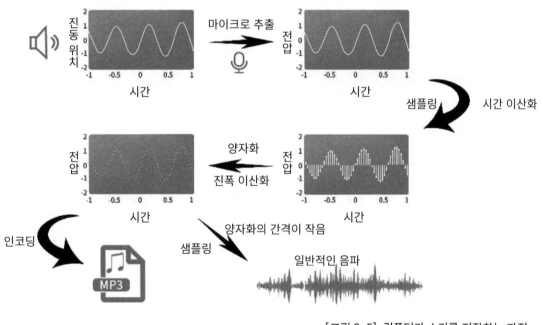

[그림 8-5] 컴퓨터가 소리를 저장하는 과정

컴퓨터에 있어서 마이크는 귀 역할을 합니다. 마이크가 음파를 수신할 때 마이크의 센서는 진동을 전기 신호(예: 전압 신호)의 파동으로 변환할 수 있습니다.

전기 신호의 변화는 연속적인 과정이며, 연속적인 값은 컴퓨터에 저 장하기 어렵습니다. 따라서 시간에 따라 전기 신호에 대해 이산화[2]를

2) 이산화(discretization): 연속적인 함수, 모 델, 변수, 방정식 등을 수치적 평가 및 구현에 적합하 도록 하는 이산적 인 구성요소로 변 환하는 과정

해야 하고, 그런 다음 전기 신호의 수치를 양자화하여 연속적으로 변화하는 전기 신호를 이산점(불연속점)으로 변환합니다. 이러한 이산점을 인코딩하면 컴퓨터에 저장할 수 있습니다.

소리 파일에는 시간 순서대로 배열된 수치들이 저장되며, 이러한 수치들은 센서가 수신한 소리의 진동 변위입니다. 이러한 데이터 수치들을 시간의 순서대로 배열한 것이 흔히 볼 수 있는 파형도입니다.

일상생활에서 음성을 청각으로 인지합니다. 이 절을 학습하면 음성의 시각화된 파형을 볼 수 있습니다.

아래 예제에서 서로 다른 음성을 컴퓨터에 저장하고 파형도의 형식으로 나타내는 실험을 해보겠습니다.

예제

SenseStudy가 제공한 함수를 사용하여 소리를 녹음한 다음, 시각화를 하시오.

```
url = audio.record(5, "/path/to/audio")    # 소리 파일 녹음
my_audio = audio.load(url)                  # 소리 파일 로드
fig() + audio.plot(my_audio, "wave")        # 파형도 시각화
```

audio.record는 소리를 녹음할 수 있으며, 첫 번째 매개변수는 녹음 시간의 길이이고 단위는 초입니다. 두 번째 매개변수는 소리 파일의 저장 경로입니다.

audio.load는 소리 파일을 로드할 수 있으며, 파이썬 내부의 배열로 변환할 수 있습니다.

audio.plot는 파형도로 시각화할 수 있습니다.

서로 다른 소리의 파형을 관찰한 다음, 다른 점을 살펴보시오.

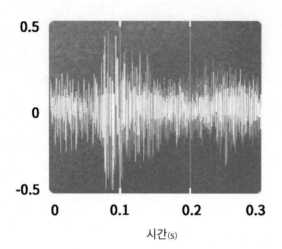

[그림 8-6]
컴퓨터가 저장한 소
리 파일의 파형도

단원 정리

이 절에서 소리의 본질은 파형이라는 것을 학습하였습니다. 소리는
공기의 진동을 일으키므로 이러한 진동을 샘플링하여 소리를 컴퓨터
에 디지털 신호의 형태로 저장할 수 있습니다. 또한, 파이썬에서 특정
명령어를 사용해 이러한 디지털 신호를 읽을 수 있습니다.

[자체 평가]

학습 내용	학습 평가		
소리를 데이터로 변환	☐ 매우 우수	☐ 우수	☐ 보통
소리 데이터를 파형으로 시각화	☐ 매우 우수	☐ 우수	☐ 보통

9.2 청각과 음성 인식

앞에서 소리의 본질에 대해 어느 정도 이해하였습니다. 음성을 디지털화하여 컴퓨터에 저장할 수 있고, 제공된 함수를 사용하여 컴퓨터에 저장된 음성 신호를 읽고 시각화할 수 있다는 것도 배웠습니다.

이 절에서는 앞에서 학습한 내용을 기반으로 컴퓨터가 어떻게 음성을 문자로 자동 인식하는지 학습할 것입니다. 컴퓨터가 음성을 인식하는 방식은 인간의 발성과 청각의 원리와 관계가 있으므로 먼저 인간의 발성과 청각의 원리부터 알아보겠습니다.

발성의 원리

발성 원리를 이해하기 전에 먼저 흥미로운 발성 실험을 해봅시다. 손으로 자신의 목을 만지면서 아, 에, 이, 오, 우 등을 발음하면 인후가 진동한다는 것을 느낄 수 있습니다. 곰곰이 생각해 보세요. 이러한 진동이 주는 느낌이 모두 같은가요?

발성할 때 목구멍에는 무언가가 진동하고 있으며, 다른 소리를 낼 때는 진동의 방식이 다르다는 것을 확실히 느낄 수 있습니다. 소리를 낼 수 있는 것은, 폐의 기류가 목구멍을 통과할 때 성대라는 부위를 거치면서 성대([그림 8-7])가 진동하기 때문입니다.

여기서는 모음의 발음 원리에 대해서만 설명하지만, 실제로 성대의 진동이 없이도 여러 가지 소리를 낼 수도 있습니다.

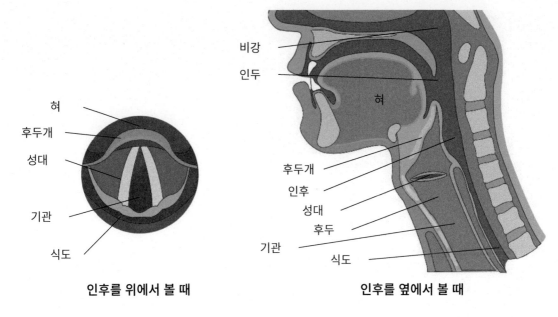

혀
후두개
성대

기관

식도

인후를 위에서 볼 때

비강
인두

혀

후두개
인후
성대
후두
기관
식도

인후를 옆에서 볼 때

[그림 8-7] 인체의 인후 구조

혀의 위치나 구강의 형태 등은 발음에 영향을 줍니다. 성대가 진동
하면서 나오는 소리는 이 부위들을 거쳐 최종적으로 다양한 소리를 만
들어 냅니다. 신기하지 않은가요? 이런 현상은 사실 이해하기 어렵지
않습니다. 아래 생각과 토론과 같은 실험에서 구강의 발성작용을 더
잘 이해하도록 합니다.

생각과 토론

빨간 유리 조각을 흰 종이 위에 올려놓습니다. 흰 종이의 색상이 변했는가
요? 어떤 색으로 변했는가요? 왜 그런지 생각해 보시오.

햇빛에는 여러 가지의 색이 포함되어 있습니다. 생각과 토론의 실험에서 빨간 유리 조각은 필터(filter) 역할을 하므로 햇빛 중의 빨간 성분은 쉽게 통과할 있지만, 다른 색상 성분은 대부분 흡수되거나 반사되어 걸러집니다.

이와 비슷하게 성대는 흰색의 광원과 같으며 음파는 여러 가지 서로 다른 주파수의 음파 성분을 포함하고 있습니다. 음파가 인후 부위를 통과할 때 일부 주파수의 음파 성분은 확대(진폭이 커짐)되고, 일부 주파수의 음파 성분은 약화(진폭이 작아짐)되면서 다양한 음성으로 변환하게 됩니다. 말을 할 때는 먼저 대뇌에서 말하고 싶은 생각이 생겨, 대뇌의 언어 처리 시스템을 거쳐 일련의 '문자'(여기서는 대뇌에서 가상화된 문자를 의미)로 변환된 다음, 마지막으로 대뇌가 성대와 구강 등 부위를 조절하여 이에 해당하는 음성이 나오게 됩니다.

청각 원리

생물 수업에서 귀의 구조를 배웠습니다. [그림 8-8]에 표시된 것처럼 귀의 모양은 음파를 수집하기에 적합한 구조로 되어 있습니다. 외이도, 고막 등과 같은 구조는 음파를 달팽이관으로 전달할 수 있습니다. 달팽이관의 청각 수용체는 진동에 대해 매우 민감하며, 음파의 진동을 신경 신호로 변환할 수 있습니다.

신경 신호는 청각 신경에 의해 대뇌피질의 청각 중추로 전달되어 소리를 인식합니다.

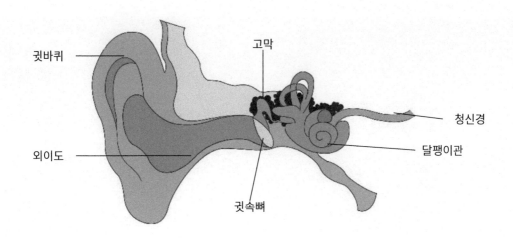

[그림 8-8] 인체의 귀 구조

　사람은 모든 소리를 들을 수 있을까요? 앞에서 초음파와 초저주파의 개념을 배웠듯이 이 두 종류의 음파는 들을 수 없습니다. 사실 사람의 청각은 소리의 주파수 따라 민감도가 다릅니다.

　[그림 8-9]는 소리의 주파수에 따른 귀의 민감도를 나타냅니다. 가로 좌표는 소리의 주파수를 나타내고, 세로 좌표는 청각이 들을 수 있는 가장 작은 소리의 정도를 나타냅니다. 세로 좌표가 작을수록 사람의 귀가 더 민감하다는 것을 뜻합니다.

　사람의 귀는 사람의 발성 주파수의 범위 내에서 비교적 민감하다는 사실을 알 수 있습니다. 이는 언어를 사용한 인간의 의사소통을 편리하게 합니다. 또한, [그림 8-9]에서 흥미로운 현상을 볼 수 있는데, 사람의 귀는 아기의 발성 주파수 범위의 소리에 가장 민감합니다.

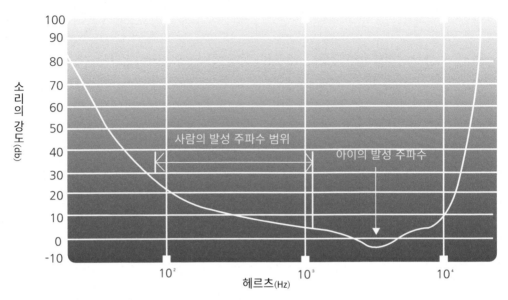

[그림 8-9] 소리의 주파수에 따른 청각 민감도

자동 음성 인식

발성과 청각 시스템의 학습에서 음성의 주파수 특성이 사람들을 이해하는 데 매우 중요하다는 것을 알 수 있습니다. 컴퓨터가 자동으로 음성 인식을 할 때도 이런 특징이 유용하게 활용되고 있습니다. 일반적으로 사용되는 MFCC(Mel-Frequency Cepstral Coefficient) 기능은 음성 신호를 다른 주파수 대역으로 분해하고 각 대역의 특성을 계산한 다음, 기계학습의 방법을 사용하여 해당 음성 신호를 텍스트로 인식할 수 있습니다. 여기서 사용하는 기술은 비교적 복잡하므로 더 높은 수준의 설명을 생략하도록 합니다. 다음 예제에서 SenseStudy 제공하는 음성 인터페이스 speech.recognize를 사용해 자동 음성 인식을 체험해 봅시다. speech.recognize는 소리 신호를 문자열 텍스트로 변환합니다.

예제

음성을 녹음한 다음, speech.recognize를 사용하여 텍스트로 변환하여 출력하시오.

프로그램 예:

```
url = audio.record(5, "/path/to/audio")    # 음성 파일 녹음
my_audio = audio.record(url)               # 음성 파일 로드
script = speech.recognize(my_audio)        # 음성 인식
print(script)                              # 인식 결과 출력
```

speech.recognize는 음성을 문자로 변환할 수 있습니다.

예제

audio. speech.recognize을 사용하여 자동 음성 인식을 구현하시오.

프로그램 예:

```
script = audio.speech.recognize(5)         # 자동 음성 인식
print(script)                              # 인식 결과 출력
```

audio.speech.recognize는 자동으로 음성 인식을 실행할 수 있으며, 매개변수는 녹음 시간, 단위는 초입니다.

컴퓨터에 의해 인식된 결과는 음성 내용과 일치하나요? 몇 차례 더 실험하여, 같은 말을 할 때마다 컴퓨터의 인식 결과도 같은지 확인해 봅시다.

단원 정리

컴퓨터는 어떤 방법으로 음성 신호를 문자로 변환하는가요? 이전에 학습했듯이, 음성 데이터를 디지털화할 수 있으면 기계학습 방법을 사용하여 디지털화한 음성을 인식해 문자로 매핑(mapping)할 수 있습니다.

딥러닝이 널리 응용되기 전, 과학자들은 먼저 음성을 주파수 신호 스펙트럼으로 분해한 다음, 주파수 신호 스펙트럼을 음성 인식하였습니다. 이러한 과정은 사실상 앞에서 설명한 귀의 청각 신호 인식 과정과 비슷합니다. 딥러닝이 개발된 후, 음성 주파수로 음성을 인식할 수 있습니다.

다음 절에서는 음성 인식 도구를 사용하여 음성 상호작용 시스템을 개발하는 방법을 학습할 것입니다.

[자체 평가]

학습 내용	학습 평가		
발성 원리	☐ 매우 우수	☐ 우수	☐ 보통
청각 원리	☐ 매우 우수	☐ 우수	☐ 보통
자동 음성 인식 구현	☐ 매우 우수	☐ 우수	☐ 보통

9.3 간단한 음성 제어

인간-컴퓨터 상호작용

음성 인식은 컴퓨터에 '귀'를 장착한 것입니다. 이런 기술을 사용하면 음성 명령에 따라 컴퓨터가 재미있는 작업을 할 수 있습니다.

앞에서 '매직 타워'를 체험했다면 게임 캐릭터가 타워에 갇힌 공주를 구해야 한다는 것을 알고 있습니다. 타워에는 다양한 몬스터와 코인, 물약, 열쇠 등 아이템이 있습니다. 키보드의 상하좌우 키를 사용하여 캐릭터의 이동을 제어할 수 있습니다. 몬스터의 위치로 이동하면 캐릭터는 몬스터와 싸우게 되고, 물약이나 열쇠 등 아이템의 위치로 이동하면 캐릭터가 이것들을 집어 들고, 문의 위치로 이동하면 캐릭터는 해당 색상의 열쇠로 문을 열게 됩니다.

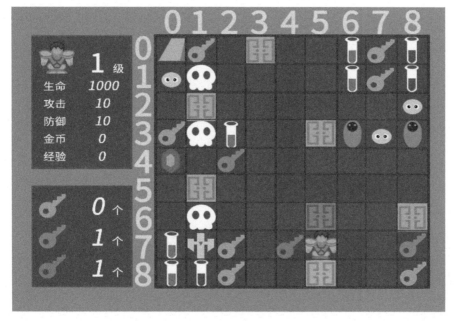

[그림 8-10]
매직 타워 화면

113

간단한 음성 제어

앞에서 매직 타워 프로그램을 실행했을 때 컴퓨터와 상호작용하는 방식은 키보드를 사용 방식이 익숙했습니다.

하지만 키보드로 캐릭터를 제어하여 작업(예: 몬스터 타격)을 완료할 때, 목표를 알고 있더라도 상하좌우 방향키를 눌러 캐릭터를 한 칸씩 이동해야 합니다. 음성 제어는 이러한 번거로운 상호작용의 방식을 크게 개선할 수 있습니다.

매직타워 프로그램에서 캐릭터의 기본적인 동작은 상하좌우로 이동하는 것입니다. 그러므로 먼저 음성 제어 시스템으로 캐릭터가 상하좌우로 이동하도록 하는 것부터 시작해 봅시다.

캐릭터의 이동을 제어하기 위해서는 먼저 프로그램에서 캐릭터 제어 권한부터 얻어야 합니다. 하지만 걱정할 필요는 없습니다. SenseStudy에는 관련 모듈이 준비되어 있으므로 모듈의 함수를 사용하면 캐릭터의 제어 제한을 얻을 수 있습니다. 제어 권한을 얻은 후에는 관련 메소드를 호출하여 캐릭터의 상하좌우 이동을 구현할 수 있습니다.

예제

캐릭터의 제어 권한을 얻은 다음, 캐릭터를 제어하여 이동해 보시오.

프로그램 예:

```
game = Game()
hero = game.player        # 프로그램에서 캐릭터 제어 권한 획득
hero.move("상")           # 위로 이동하기
hero.move("하")           # 아래로 이동하기
```

```
hero.move("좌")            # 왼쪽으로 이동하기
hero.move("우")            # 오른쪽으로 이동하기
```

여기서 game.player로 캐릭터를 얻을 수 있으며, 이름을 hero라고 설정합니다. 즉 프로그램 캐릭터의 제어는 hero와 관련된 메소드를 호출하여 구현할 수 있습니다. 예를 들면 hero.move("상")은 캐릭터가 위로 한 칸씩 이동하도록 제어하는 것입니다. 프로그램을 사용하여 캐릭터의 이동을 제어하는 방식이 신기하지 않나요? 상하좌우 방향키를 사용하는 대신, 프로그램을 작성하여 캐릭터의 이동을 제어해 봅시다.

생각과 토론

예제의 메소드를 사용하여 프로그램 캐릭터가 다음과 같은 동작을 수행하도록 하시오.
1. 가까이 있는 몬스터 때리기
2. 빨간 열쇠 줍기
2. 파란 물약 마시기

위와 같은 연습을 실행해 보면, 캐릭터가 이동할 때마다 프로그램 명령어를 적어야 하므로 방향키를 눌러 캐릭터를 제어하는 것보다 훨씬 번거롭습니다. 하지만 음성 인식 기능을 추가하면 말 한마디로 캐릭터의 이동을 제어할 수 있습니다.

앞의 예제에서 구현했던 기능을 기억해 보면, SenseStudy의 음성 인터페이스를 호출하면 컴퓨터는 음성을 해당 텍스트로 인식할 수 있습니다. 즉 컴퓨터는 음성 명령을 모두 '정확하게 들을 수 있다'는 것을 뜻합니다.

그렇다면 왜 '들어서 이해하는 것'이 아닌, '정확하게 듣는 것'일까요? 왜냐하면, 컴퓨터는 그저 말하는 음성을 해당 텍스트로 변환하므로 텍스트가 전달하고자 하는 의미를 이해할 수 없기 때문입니다. 마치 중학생이 대학 수업을 듣는 것과 같습니다. 교수님의 말하는 모든 글자를 똑똑히 들을 수는 있지만, 표현하는 의미에 대해서는 전혀 이해하지 못합니다.

컴퓨터가 음성이 표현하고자 하는 뜻을 이해하려면, 먼저 '교육'을 해야 합니다. 중학생이 중학교, 고등학교의 교육을 받은 다음 대학에 진학하여 교수의 강의를 알아듣는 것처럼 컴퓨터도 특정 '교육'을 거쳐 음성이 표현하고자 하는 뜻을 이해할 수 있습니다. 컴퓨터에서 이른바 '교육'이란 실제로 일정한 규칙입니다. 아래에서 가장 간단한 규칙을 설계해 봅시다.

제1권에서 파이썬의 문자열 유형에 대해 배웠습니다. '==' 부호를 사용하여 서로 다른 두 개의 문자열이 정확히 같은지 판단할 수 있습니다. 이를 사용해 다음과 같은 간단한 규칙을 정의할 수 있습니다. 문자열과 캐릭터의 동작은 일대일로 대응하고, 하나의 음성 명령이 컴퓨터에 인식되면 대응하는 동작을 찾아 실행합니다.

예제

audio.speech.recognize를 사용하여 간단한 프로그램하면, 음성으로 캐릭터의 상하좌우 이동을 제어할 수 있습니다.

```python
def command2action(hero, command):    # 상하좌우 제어 함수
    if command in["상", "하", "좌", "우"]
        hero.move(command)
    else:
        print("미안합니다, 이 명령은 유효하지 않다!")
```

```
command = audio.speech.recognize(url)  # 자동 음성 인식
command2action(hero, command)
```

간단한 몇 줄로 명령과 동작의 대응 관계를 정의하고, 자동 음성 인식 기능을 결합하면, 첫 번째 버전의 음성 인식 매직 타워를 완성하게됩니다. 이제 음성 제어 방식으로 매직 타워를 실행해 봅시다!

단원 정리

음성 인식 기술은 인간과 컴퓨터의 상호작용을 위한 새로운 문을 열어주었습니다. 이 절에서는 음성 상호작용 시스템을 간단하게 구현하였으며, 컴퓨터를 제어하여 매직 타워를 실행하는 기능을 구현하였습니다. 또한, SenseStudy가 제공하는 음성 인식 인터페이스를 통해 인간과 기계가 소통하는 연결 고리를 구축하였습니다. 프로그램 인터페이스를 사용하여 코드 방식으로 프로그램 캐릭터의 이동을 구현하였으며, 파이썬의 선택 구조와 '==' 부호를 사용하여 음성 인식과 프로그램 제어를 결합하여 음성으로 매직 타워를 제어하는 첫 번째 버전을 만들었습니다. 다음에는 이를 기반으로 점차 더 복잡하지만, 더 효율적인 음성 상호작용 시스템을 구현하겠습니다.

[자체 평가]

학습 내용	학습 평가		
음성 제어 프로그램 구현	☐ 매우 우수	☐ 우수	☐ 보통

9.4 경로 계획 원리

자동 음성 인식 시스템이 개발되어 두 손은 자유로워졌고, 음성으로 프로그램을 조작할 수 있게 되었습니다. 하지만 초기 버전의 음성 상호 작용 시스템은 키보드를 사용하는 기본 동작을 음성 표현으로 바꾸었을 뿐 사용이 번거롭습니다. 이것은 원래 의도와는 거리가 있습니다. 또한, 간단한 음성 명령만으로 상하좌우로 이동하는 프로그램을 실행하는 것이 키보드 조작만큼 간편하지 않습니다.

따라서 음성 표현의 특유한 추상적인 특징을 찾아내야 합니다. 즉 한마디의 음성 명령으로 여러 개의 기본 동작을 구현할 수 있어야 합니다. 예를 들어 "가장 가까운 열쇠를 가져와"라고 말하면, 캐릭터는 자동으로 가장 가까운 위치의 열쇠를 찾아 이동하여 가져올 수 있어야 합니다. 경로 계획 기능은 지도 응용 프로그램의 내비게이션에도 자주 사용되고 있습니다. 예를 들어 모바일 지도 애플리케이션에서 음성 입력 방식으로 목적지를 설정할 수 있습니다. 내비게이션은 가장 짧은 코스를 자동으로 계산하여 추천합니다. 이러한 기능은 경로 계획의 전형적인 응용 사례 중 하나입니다.

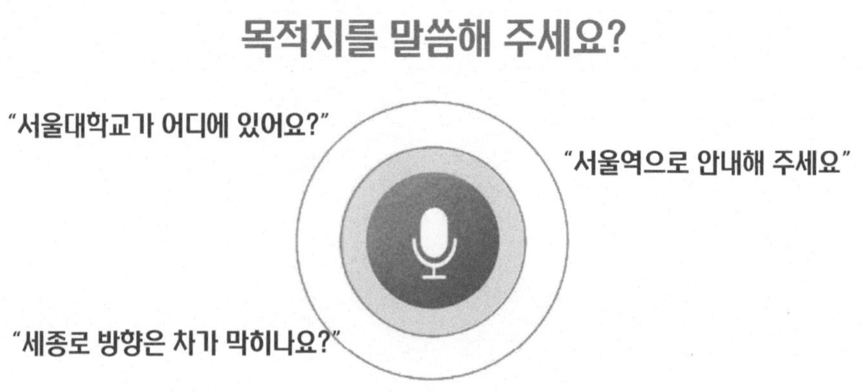

목적지를 말씀해 주세요?

"서울대학교가 어디에 있어요?"

"서울역으로 안내해 주세요"

[그림 8-11]
내비게이션 애플리케이션의 음성 모듈

"세종로 방향은 차가 막히나요?"

이어서 간단한 경로 계획 모듈을 완성해 보겠습니다. 쉽게 설명할 수 있도록 지도의 대상을 아래와 같이 6가지의 유형으로 분류합니다.

[표 8-1] 지도 위의 대상

몬스터	monster
열쇠	key
문	door
보석	gem
물약	potion
계단	stair

SenseStudy가 제공하는 프로그램 모듈에는 프로그램의 상태 정보를 얻을 수 있는 다양한 함수가 포함되어 있습니다. 예를 들어 location 함수를 사용하면 현재 지도에서 임의의 목표 위치를 저장하는 목록을 얻을 수 있습니다. 그중에서 각 목표의 위치는 2차원 튜플로 표현되며, 여기에서 튜플은 요솟값을 변경할 수 없는 목록으로 이해하면 됩니다.

그렇다면 위치를 어떻게 정의할까요? [그림 8-12]와 같이, 위치는 현재 지도의 왼쪽 위 모서리를 좌표의 원점으로 하여, 한 칸 단위의 길이로 세로축 위치는 첫 번째 좌표로, 가로축은 두 번째 좌표로 하여 하나의 평면 좌푯값을 확정합니다. 예를 들어 (4, 2)는 원점에서 시작하여 4번째 행과 2번째 열의 위치를 나타냅니다. 여기서 행 또는 열의 좌푯값은 0부터 계산하는 것에 주의하세요.

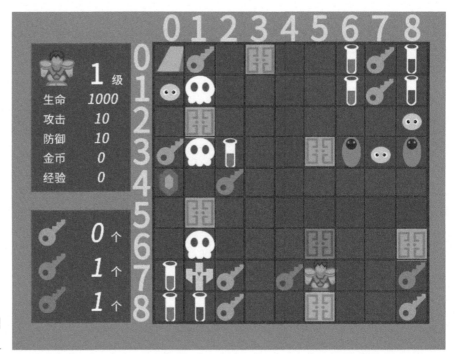

[그림 8-12]
매직 타워 프로그램
의 지도 좌표

예제

현재 지도에서 모든 몬스터의 위치를 획득하시오.

프로그램 예:

```
location_monsters = game.location('몬스터')
```

그뿐만 아니라, 프로그램 모듈은 특정 위치에 도달하는 경로를 계산하는 함수를 제공합니다. 이 함수로 지도에서 특정 위치에 도달하는 가장 짧은 경로(이러한 경로가 존재한다고 가정)를 가져올 수 있습니다.

예제

(0, 6)에 도달하는 가장 짧은 경로를 가져오시오.

프로그램 예:

```
path = hero.path_to((0,6))
print(path)
```

path_to 함수는 어느 위치에 도달하는 가장 짧은 경로를 가져올 수 있습니다. 예를 들어 캐릭터가 (0, 4) 위치에 있다면, (0, 6) 위치에 도달하는 가장 짧은 경로는 "오른쪽, 오른쪽"입니다.

이 두 개의 함수가 있으면, 단순히 '상하좌우'를 반복하는 기본 조작에서 벗어나 더욱 높은 수준의 운용 법칙을 구현할 수 있습니다. 프로그램에서 캐릭터가 가장 가까운 몬스터를 공격하게 하려면, 이전에는 먼저 눈으로 가장 가까운 몬스터를 찾은 다음, '상하좌우' 명령을 계속 반복하여 프로그램의 캐릭터가 해당 위치에 도달할 때까지 전투를 해야 합니다. 하지만 이제는 이러한 번거로운 작업을 컴퓨터에 맡겨서 끝낼 수 있습니다.

어떻게 가장 가까운 몬스터를 자동적으로 찾을 수 있을까요? 가장 간단한 방법은 지도에서 모든 몬스터의 위치를 찾아내어 각각의 몬스터에 도달할 수 있는 경로를 얻은 다음, 해당 경로의 길이를 계산하고, 비교하여 가장 짧은 경로를 얻는 것입니다.

다음 예제에서 이 과정을 단계별로 구현해 봅시다.

예제

paths_to_object 함수를 적고, 아래와 같은 기능을 구현해 보시오.
매개변수는 목표의 유형입니다. 예를 들어 'monster' 목록을 요청하면,
이 유형의 모든 목표 대상에 대한 경로를 포함합니다.

프로그램 예:

```
def paths_to_object(obj):
    locations_object = game.location(obj)
    paths_to_object = []
    for location in locations_object:
        path = hero.path_to(lacation)
        paths_to_object.append(path)
    return paths_to_object
```

위와 같은 기능을 함수로 구현하는 것은 매우 현명한 방법입니다. 이후에도 지도에서 어떤 목표를 위해 모든 대상에 대한 가장 빠른 경로를 얻으려면, 이 함수에 목표 유형을 입력하면 됩니다.

생각과 토론

위와 같은 예를 결합하여 토론해 봅시다.
일반적으로 사용하는 기능을 함수로 구현하면 좋은 점은 무엇인가요?

지도에서 특정 목표 유형에 대한 모든 대상의 경로가 있으면, 각 경로의 길이를 계산해야 합니다. 이 부분은 다음의 연습에서 익힐 수 있습니다.

연습

cal_paths_len 함수를 작성하고 경로의 길이를 계산하시오.
매개변수는 경로를 요소로 하는 목록 paths입니다.
paths 내에 해당 위치의 경로 길이가 포함된 목록을 반환합니다.

브레인 톡 : len 함수를 사용하여 목록의 길이를 구한다.

cal_paths_len 함수를 사용하면 일련의 경로 길이를 쉽게 구할 수 있습니다. 이어서 경로 길이 목록에서 가장 작은 요소의 위치를 찾아야 합니다. 앞의 사고와 토론에서 언급했듯이, 일반적으로 사용되는 기능을 함수로 구현하면 다시 사용할 수 있습니다. 목록에서 가장 작은 요소의 위치를 찾는 것은 일반적으로 사용되는 함수이며, 이를 함수로 작성하면 나중에 반복적으로 사용하는 데 편리합니다.

예제

find_min_index 함수를 작성하여 아래와 같은 기능을 구현하시오.
매개변수는 목록 유형으로 임의의 수를 저장하고 있습니다.
목록에 있는 가장 작은 수의 위치를 반환하시오.

프로그램 예:

```python
def find_min_index(values):
    min_index = -1
    min_value = 10000
    for index, value in enumerate(valuse):
        if value <= min_value:
            min_value = value
            min_index = index
    return min_index
```

생각과 토론

이전의 예제에서 숫자 집합에서 가장 작은 인덱스를 찾는 알고리즘을 설계했습니다. 숫자 집합에서 최댓값과 두 번째로 큰 값을 구하려면 어떤 알고리즘을 사용하여 구현할 수 있는지 생각해 봅시다.

연습

path_to_nearest_object 함수를 작성하여 목표 유형을 입력하고, 이러한 유형의 목표에서 가장 가까운 대상의 경로를 반환하시오.

 : path_to_object 함수, cal_paths_len 함수 및 find_min_index 함수를 결합할 수 있다.

직접 설계한 알고리즘으로 가장 가까운 몬스터에 갈 수 있는 경로를 찾을 수 있습니다. 다음에는 캐릭터가 경로를 따라 이동하도록 제어해야 합니다. 아래에서 간단한 예제를 소개합니다.

예제

프로그램을 작성하여 가장 가까운 몬스터로 이동하시오.

프로그램 예:

```
path = path_to_nearest_object("몬스터")
for movement in path:
    hero.move(movement)
```

단원 정리

이 절에서는 주로 경로 계획에 관한 알고리즘을 학습하였습니다.

가장 가까운 목표에 대한 경로 계획을 소개하고, 프로그램에서 대상의 기본 설정과 대상 상태를 획득하는 방식을 설명하였으므로 이를 학습해서 복잡한 제어를 쉽게 구현할 수 있습니다. 가장 가까운 목표를 찾는 경로 알고리즘을 구현하는 과정에서 함수를 기능 모듈로 하면 좋은 점을 학습했습니다. 이는 앞으로 학습할 고효율 알고리즘을 구현하는 데 기초가 됩니다.

[자체 평가]

학습 내용	학습 평가		
가장 가까운 경로 계획 문제	☐ 매우 우수	☐ 우수	☐ 보통
음성 제어로 가장 가까운 경로 계획	☐ 매우 우수	☐ 우수	☐ 보통

9.5 퍼지 매칭(fuzzy matching)

앞 절에서는 알고리즘을 사용하여 컴퓨터가 지도에 있는 정보를 지능적으로 분석(예를 들면 가장 가까운 목표를 찾는 것)할 수 있도록 하였습니다. 이는 단순한 '상하좌우'의 기본 조작을 뛰어넘는 큰 발전입니다. 하지만 음성 상호작용 기능을 구현하려면 컴퓨터가 '가장 가까운 몬스터를 공격하라'와 같은 복잡한 명령을 이해하도록 해야 합니다.

if... else... 문과 '==' 부호를 사용하여 명령의 유형을 판단하고 해당 동작을 호출할 수 있는가요? 명령의 수가 적고 간단하면 이렇게 할 수 있습니다. 하지만 명령의 수가 증가하고 복잡해지면 이러한 간단한 매칭 방법은 요구를 충족시키지 못합니다. 생각해 봅시다. 수십 가지의 명령을 설계하려면 if... else 문도 수십 번을 작성해야 합니다. 그뿐만 아니라 언어로 복잡한 명령을 실행할 때 한두 글자를 빼먹을 수 있습니다. 예를 들면 '가장 가까운 몬스터를 공격하라'와 '가장 가까운 몬스터를 공격하러 가라'라는 말은 사실 같은 의미입니다.

만약 이전의 매칭 방법을 사용하여 자연어의 다양한 변화를 포함하려면 훨씬 더 많은 조건문을 작성해야 합니다. 이러한 상황에 대처하려면 이전의 매칭 알고리즘을 개선하여 문자열의 퍼지 매칭을 구현해야 합니다. 정확한 매칭에 비해 퍼지 매칭은 매우 유연한 매칭을 구현하며, 자연어의 유연하고 변경 가능한 특징에도 더욱 잘 적응할 수 있습니다.

퍼지 매칭 방식으로는 여러 가지가 있지만, 여기서는 이 프로젝트에 사용될 수 있는 방식을 알아보겠습니다.

앞에서 나타난 문제를 살펴보면, 명령의 수와 명령의 문장 길이는 모두 증가했지만, 문장의 기본은 모두 일정한 규칙에 부합한다는 것을 알 수 있습니다. 이러한 특정 작업에서 문자열의 퍼지 매칭을 구현하려면, 먼저 이러한 명령의 구조적 특징을 요약해야 합니다. '왼쪽의 몬스터를 공격하시오', '빨간색 보석을 주으시오', '가장 가까운 문을 여시오' 등을 예로 들어 앞에서 설명한 명령의 일반적인 구조에 대해 생각해 봅시다.

위 명령은 대부분 형용사(왼쪽의, 빨간색의, 가장 가까운) + 명사(몬스터, 보석, 문) + 동사(공격하다, 줍다, 열다)와 같은 문장 구조를 만족한다는 것을 알 수 있습니다. 이러한 규칙을 사용하면 문장의 구조를 설계할 수 있습니다. 컴퓨터가 음성 명령을 문자로 인식하면, 이 문장 구조를 사용하여 텍스트 내용을 매칭하고 유용한 정보를 추출할 수 있습니다.

퍼지 매칭 기술에 의해 음성 상호작용의 효율성과 가용성은 크게 향상됐습니다. 비표준어를 사용하거나 소음이 심한 환경에서 음성 상호작용을 사용하는 경우, 퍼지 매칭은 문장의 의미를 더 잘 이해하고 정확한 피드백을 할 수 있습니다.

생각과 토론

다음 명령 중에서 어떤 정보가 중요한지 생각해 보시오.
1. 형용사 (왼쪽의, 빨간색의, 가장 가까운)
2. 명사 (몬스터, 보석, 문)
3. 동사 (공격하다, 줍다, 열다)

명사는 목표 대상의 유형과 관련이 있으므로 매우 중요합니다. 형용사는 설명 정보를 근거로 목표가 같은 유형의 대상 중에서 하나를 결정해야 합니다. 동사는 이 작업에서는 의미가 작으며, 공격하거나 줍거나 모두 목표 위치로 이동했을 뿐입니다.

이것을 이해하면, 문장에서 명사와 형용사만 식별하면 된다는 것을 알 수 있습니다. 파이썬에서는 키워드 in을 사용하여 특정 문자열이 다른 문자열에 있는지 쉽게 확인할 수 있습니다. 따라서 차례대로 분류한 유형의 명칭이 명령의 문자열에 포함되는지 검사하면 목표의 유형을 확정할 수 있습니다. 다음의 간단한 예를 들어 명령 중에서 목표 유형 정보를 매칭하는 방법을 설명하겠습니다.

예제

command2object(command) 함수를 작성하여 목록과 for 반복을 결합하고 문장의 목표 대상의 유형을 매칭하시오.

프로그램 예:

```
def command2object(command):
    objs = ["몬스터", "열쇠", "문", "보석", "물약", "계단"]
    for obj in objs:
        if obj in command:
            return obj
```

위의 예제는 문자열 명령을 매개변수로 받아들여 함수를 구현하였습니다. 명령에서 "몬스터", "열쇠", "문", "보석", "물약", "계단"이라는 목표 중 하나가 나타나면, 이 함수는 목표를 반환합니다. 다음에는 이 함수에 다양한 명령을 입력하여 명령의 목표를 정확하게 인식할 수 있는지 살펴보겠습니다.

연습

1. 예제의 함수를 사용하여 문자열의 목표 유형을 매칭한 다음, 출력하여 정확한지 확인하시오.

2. 음성 인식의 인터페이스를 결합한 예제의 함수를 사용하여 음성에서 목표 유형을 매칭한 다음, 출력하여 확인하시오.

목표 유형과 매칭하는 정보는 충분하지 않으며, 일반적으로 지도에는 같은 유형의 목표가 많이 있습니다. 음성 명령은 '가장 가까운' 또

는 '왼쪽의' 등과 같은 목표의 특징을 구체적으로 나타냅니다. 따라서 목표 유형을 매칭하는 알고리즘에 따라 추가로 명령의 설명 정보를 매칭할 수 있습니다.

연습

1. 목표 유형을 매칭하는 알고리즘에 따라 명령의 설명 정보를 매칭하는 알고리즘을 설계하시오.

2. 예제의 함수를 사용하여 문자열의 설명 정보를 매칭한 다음, 출력하여 정확한지 확인하시오.

3. 음성 인식의 인터페이스를 결합한 예제 함수를 사용하여 음성의 목표 유형을 매칭한 다음, 출력하여 정확한지 확인하시오.

연습

1. command2object(command) 함수를 작성하여 목표 유형과 설명 정보의 매칭 기능을 결합하시오.

   매개변수는 문자열 형식의 명령이다.
   반환값은 목록이며, 첫 번째 요소는 명령의 목표 유형이고,
   두 번째 요소는 명령의 설명 정보이다.

2. 그런 다음 음성 인터페이스를 호출하여 위 기능의 정확성을 확인하시오.

생각과 토론

목표 유형과 설명 정보의 매칭 알고리즘을 하드 매칭의 방식으로 구현하려면 몇 줄의 코드를 작성해야 할까요? 퍼지 매칭의 알고리즘이 적은 코드로 이 기능을 더 잘 구현할 수 있는 이유는 무엇인가요?

단원 정리

이 절에서는 주로 퍼지 매칭에 관한 알고리즘을 학습하였습니다.

퍼지 매칭에서 키워드에 기반한 매칭 알고리즘을 소개하였습니다. 명령의 문법적 형식에서 착안하여 문장 구조 세트를 정의하였으며, 명령에서 간단하고 안정적으로 핵심 정보를 추출하는 알고리즘을 구현하였습니다.

퍼지 매칭과 경로 계획은 더욱 복잡하고 효율적인 음성 상호작용 시스템의 다음 구현에서 더욱 효과적인 해결 방안을 제공합니다.

[자체 평가]

학습 내용	학습 평가		
문장 구조의 의미와 설계	☐ 매우 우수	☐ 우수	☐ 보통
명령으로 목표 매칭 제어	☐ 매우 우수	☐ 우수	☐ 보통

9.6 인간과 기계의 상호작용

앞에서 학습한 두 절에서는 컴퓨터가 자동으로 가장 가까운 목표 경로를 찾아내는 알고리즘, 목표 유형과 설명 정보를 매칭하는 알고리즘을 구현하였습니다. 이 두 가지 알고리즘을 결합하면 '상하좌우'로 캐릭터를 제어하는 기초적인 방식에서 벗어나 복잡한 음성 상호작용 시스템을 구현할 수 있습니다. 앞에서 여러 차례 설명한 '가장 가까운 몬스터(코인, 열쇠…) 공격하기(먹기, 줍기…)'와 같은 명령을 '가장 가까운 유형'의 명령이라고 합니다. 이러한 명령을 사용해 앞에서 학습한 알고리즘을 어떻게 하나로 결합할 것인지 살펴봅시다.

예제

'가장 가까운 유형'의 명령으로 프로그램 캐릭터를 제어하여 해당 동작을 실행하시오.

 : command2info 함수를 호출하여 명령에서 목표 유형과 설명 정보를 추출한다.
path_to_nearest_object 함수를 호출하여 가장 가까운 목표에 도달하는 경로를 구한다.

프로그램 예:

```
def command2action(hero,command):
    describe2path = {"가장 가까운":path_to_nearest_object}
    obj, describe = command2info(command)
    if describe in describe2path:
        path = describe2path[describe](obj)
            if path:
                formovement in path:
                    hero.move(movement)
```

위의 예제에서는 컴퓨터가 자동으로 문자열 명령에 따라 캐릭터를 제어하여 해당 동작을 실행하였습니다. 이 함수와 음성 인터페이스를 결합하면 음성 제어 프로그램 캐릭터가 '가장 가까운 유형'의 동작을 수행하는 기능을 구현할 수 있습니다.

> **연습**
>
> 1. 예제에서 음성 인터페이스와 함수를 호출하여 음성 제어 프로그램의 캐릭터가 '가장 가까운 유형'의 동작을 완성하는 기능을 구현하시오.
>
> 2. 위 프로그램을 실행하여 다른 언어의 표현 방식으로 음성 제어 프로그램의 캐릭터가 해당 동작을 수행하는 것을 테스트하고, 예측과 일치하는지 확인하시오.

위에서 언급한 '가장 가까운 유형'의 명령으로는 매직 타워 프로그램을 원활하게 실행하기 어려우므로, 다음 생각과 토론에서 명령 유형의 확장에 대해 학습해 봅시다.

> **생각과 토론**
>
> 1. 명령 설계의 출발점은 무엇인가요?
> 2. 설계 과정에서 주의해야 할 사항은 무엇인가요?

명령을 설계할 때, 보통 프로그램 과정의 관찰과 귀납에 기반하여 한 가지 명령씩 추상화하는 경우가 많습니다. 예를 들어 '가장 가까운 유형'의 명령은 프로그램 과정에서 눈으로 가장 가까운 몬스터 또는 코인과 같은 목표를 찾은 다음, 목표 위치에 도달할 수 있는 경로를 찾고, 마지막으로 프로그램의 캐릭터를 제어하여 단계적으로 이동하도록 설계되어 있습니다. 이러한 과정의 많은 절차는 모두 컴퓨터로 수행할 수 있습니다. 예를 들면 명령에서 목표 유형을 판단하고 가장 가까운 거리에 있는 목표의 경로를 찾을 수 있습니다. 즉 새로운 명령을 설계할 때 실제적인 관찰로부터 출발하여 프로그램을 실행하는 규칙을 찾아내고, 컴퓨터가 이러한 규칙을 자동으로 완성할 수 있는지 생각해 보아야 합니다. 그렇지 않으면 이러한 동작은 여전히 인간이 직접 실행해야 합니다. 인간과 기계가 공동으로 프로그램을 실행하는 것이야말로 가장 효율적인 방법입니다. 이러한 아이디어를 기반으로 효율적인 명령을 설계해 봅시다.

매직 타워를 실행할 때 보통 먼저 약한 몬스터를 공격하여 경험을 쌓은 다음, 레벨업하거나 공격력이나 방어력을 강화한 다음, 강한 몬스터를 공격합니다. 프로그램에서는 특정 위치의 목표 정보를 얻은 데 사용할 수 있는 매우 유용한 info 함수를 제공합니다.

만약 이 목표물이 몬스터라면 몬스터의 명칭, 공격력, 방어력을 반환하며, 목표물을 공격했을 때 얻는 코인, 경험치, 또는 자신에게 가해지는 피해(damage)의 크기를 얻을 수 있습니다. 만약 이 목표가 계단이라면, 위층으로 향하는 계단 또는 아래층으로 향하는 계단을 반환하고, 이 목표가 문, 열쇠, 보석 또는 물약이라면 색상을 반환합니다. 이러한 info 함수로 많은 효율적인 기능을 구현할 수 있습니다.

다음은 '가장 약한 몬스터 공격하기'를 예로 들어보겠습니다.

예제

'가장 약한 몬스터 공격하기' 함수를 정의하시오. 몬스터의 강약을 판단하는 규칙은 몬스터가 자신에 입힌 피해의 크기입니다.

프로그램 예:

```
def path_to_weakest_monster(obj):
    if obj != '몬스터':
        print("The weakwst object must be a monster")
```

```
        return None
location_monsters = game location('monster')
path_to_monsters = []
hurts = []
for location in location_monsters:
    path_to_monsters.append(hero.path_to(location))
    hurts.append(game.info(location)['hurt'])
min_index = find_min_index(hurts)
return path_to_monsters[min_index]
```

위 코드에서 입력된 목표 유형에 대해 판단하려면 목표가 몬스터이어야 합니다. 앞에서 구현한 find_min_index 함수를 함께 사용하여 반복적인 작업을 줄였으며 코드를 더욱 간결하고 유지 관리하기 쉽게 만들었습니다.

다음 예제에서 이 기능을 command2action 함수에 결합해 봅시다.

예제

'가장 약한 몬스터 공격하기' 기능을 command2action 함수에 결합하시오.

프로그램 예:

```
def command2action(hero, command):
    target_describe2path =
        {"몬스터": {"가장 가까운": path_to_nearest_object,
                   "가장 약한": path_to_weakest_monster},
         "열쇠": {"가장 가까운": path_to_nearest_object},
         "문": {"가장 가까운": path_to_nearest_object},
```

```
            "보석": {"가장 가까운": path_to_nearest_object},
            "물약": {"가장 가까운": path_to_nearest_object}}
    target, describe = command2info(command)
    if target in target_describe2path:
        describe2path = target_describe2path[target]
        if describe in describe2path:
            path = describe2path[describe](target)
            if path:
                for movement in path:
                    hero.move_to(movement)
```

command2action 함수에는 두 가지 명령이 있으므로 이 명령의 설계와 구현에 대해 어느 정도 이해해야 합니다.

다음 연습에서 새로운 명령에 대응하는 알고리즘의 구현해 봅시다.

연습

초급:

1. 빨간색 열쇠를 얻기.
2. 노란색 문을 열기.

중급:

3. 위층으로 올라가기.
4. 5층으로 올라가기.

고급:

5. 가장 가까운 노란색 문을 열기.
6. 모든 층의 가장 약한 몬스터를 공격하기.

최종 도전

매직 타워 프로그램의 목적은 관문을 돌파하는 것인데, 빠르면 빠를수록 좋습니다. 이제 자신이 구현한 음성 상호작용 시스템이 얼마나 빨리 관문을 돌파하는지 겨루어볼 수 있을 것입니다.

단원 정리

이 절에서는 '가장 가까운 유형'의 명령과 '가장 약한 몬스터 공격하기'라는 예제와 연습으로 관련 지식을 학습하였습니다. 음성 상호작용 시스템을 효율적으로 구축하면 해당 작업을 빠르게 수행할 수 있습니다.

[**자체 평가**]

학습 내용	학습 평가		
음성 상호작용 시스템 구축	☐ 매우 우수	☐ 우수	☐ 보통

이 장의 요약

이 장에서는 먼저 소리의 특성, 컴퓨터에 소리가 저장되는 방식, 사람의 발성 및 청각의 원리, 그리고 음성 인식의 방법을 소개하였습니다.

그런 다음 음성 인식을 기반으로 경로 계획, 퍼지 매칭 등 알고리즘을 결합하여 음성 상호작용 시스템을 구축하고 매직 타워 프로그램의 캐릭터를 성공적으로 제어하여 복잡한 동작을 수행할 수 있도록 하였습니다.

제9장 의사 결정과 문제 해결

아주 오래전에 똑똑하고 착한 소년이 있었습니다. 보석 수집 채집 이야

기는 이 소년에게서 발생하였습니다….

어느 날 저녁, 소년은 꿈에서 신비로운 사람을 만났습니다. 이 사람
은 소년에게 다음과 같이 게임을 제안했습니다. 매회 플레이어는 빨간
색, 파란색, 초록색 보석 중 하나를 수집하고, 보석의 누적 가치는 플
레이어가 잠에서 깬 후에 현실 세계의 자산으로 전환됩니다. 게임은
모두 10,000라운드를 진행하며, 새로운 게임이 시작될 때마다 보석은
새로 바뀝니다. 한 번에 수집된 빨간색, 파란색, 초록색 보석의 가치는
세 가지 보석 분포에 따라 달라지는 무작위 변수입니다. 보석의 분포
는 a로 표시되며, a는 보석 가치의 수학적 기대치입니다.

소년은 너무나 기뻤지만, 들으면 들을수록 어려운 게임 같았습니다.
그는 고민에 빠졌습니다.

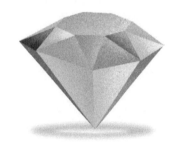

[그림 9-1] 빨간 보석(좌), 파란 보석(중간), 초록 보석(우)

- 게임의 라운드마다 어떻게 보석을 선택해야 하는가?
- 더 좋은 전략이 있는가?
- 분포 속성을 가진 보석의 가치에는 어떤 규칙이 있는가?
  …

소년이 생각하는 이런 문제들은 이 장에서 하나하나 해답을 얻을
수 있습니다. 먼저 '의사 결정'부터 학습해 보겠습니다.

9.1 의사 결정 문제 인식하기

인간은 의사 결정을 내릴 수 있는 중요한 능력을 가지고 있습니다. 의사 결정, 즉 결정이나 선택은 일상생활에서 없어서는 안 될 부분입니다. 의사 결정 문제는 어디에나 존재합니다. 예를 들어 학교를 마치고 집에 갈 때 걸어서 갈 것인가 아니면 자전거를 탈 것인가? 오늘 외출할 때 우산을 가지고 갈 것인가? 생각하는 것은 모두 의사 결정 문제입니다.

걸어간다　　자전거를 타고 간다　　　　　　우선을 가져 간다　　우산을 가져 가지 않는다

[그림 9-2] 일상생활에서 발생하는 의사 결정

의사 결정 문제는 매우 복잡합니다. 의사 결정 과정에서 선택을 해야 할 때마다 나타날 수 있는 경우의 수가 많고, 또한 의사 결정의 목표가 장기적인 결과이므로 쉽게 예측할 수 없습니다.

예를 들어 다음과 같은 바둑도 의사 결정 문제에 속합니다.

- 바둑돌을 둘 때마다 의사 결정을 해야 합니다.
- 의사 결정을 할 때마다 내려야 할 선택 사항이 많습니다. 19줄 바둑판의 경우 바둑돌을 둘 수 있는 방법은 최대 361가지가 있습니다.
- 바둑돌을 둔 다음에는 상대방이 바둑돌을 두게 됩니다. 바둑돌을 둘 때마다 수의 수익과 방향은 예측할 수 없습니다.

많은 훈련을 하지 않으면, 일반인에게 이런 의사 결정 문제는 매우 어려운 문제입니다. 하지만 정밀한 설계로 인공지능이 바둑에서 보여준 의사 결정 능력은 인간 세계의 바둑 챔피언을 능가했습니다.

보석 수집 게임은 본질적으로 의사 결정 문제이므로 플레이어는 '선택-실행' 조작을 반복해서 장기적인 목표를 달성해야 합니다. 이 장의 학습에서 의사 결정 알고리즘을 사용해 더 높은 가치의 보석을 찾는 방법을 배우게 될 것입니다.

단원 정리

이 절에서는 의사 결정의 개념을 이해하고 의사 결정이 일상생활에서 어떻게 응용되고 있는지 탐구하였습니다. 또한, 바둑에서 의사 결정 문제의 복잡하고 어려운 부분을 이해하였습니다. 이어서 보석 수집 문제의 해결 과정에서 의사 결정 문제에 대한 인식을 더욱 높이도록 하겠습니다.

[자체 평가]

학습 내용	학습 평가		
의사 결정의 개념	☐ 매우 우수	☐ 우수	☐ 보통

9.2 확률의 세계

확률(probability)이라는 단어는 생소하지 않습니다. 일상생활에서 다음과 같은 문제들을 자주 마주합니다.

- 일기예보에서 오늘 비가 내릴 확률은 80%라고 알려준다.
- 카드 뽑기 게임에서 시스템은 드물고 좋은 카드가 나올 확률은 1%라고 알려준다.
- 동전을 던져 앞면이 나올 확률은 50%이다.

  …

그렇다면 확률은 무엇이며, 어떻게 작동할까요? 확률은 무작위 사건이 발생하게 될 가능성으로 이해할 수 있습니다. 무작위 사건이란 무엇일까요? 먼저 무작위 사건의 벡터(vector), 즉 무작위 테스트를 소개하겠습니다.

무작위 테스트

무작위 테스트는 동일한 조건에서 나타나는 무작위 현상에 대해 대량으로 반복 관찰하는 것으로 통계 분석의 기초입니다.

일기예보는 비가 내릴 확률이 80%라는 것을 어떻게 알았을까요? 동전을 던져 앞면이 나타날 확률이 50%라는 것을 어떻게 알았을까요? 이것은 무작위 현상의 규칙을 통계하기 위해 무작위 현상을 반복적으로 관찰한 결과이며, 또한 무작위 테스트의 과정입니다. 무작위 테스트는 다음과 같은 특징이 있습니다.

1. 실험자는 테스트 전에 어떤 결과가 나타날 것인지 단정할 수 없지만, 테스트에서 나타날 수 있는 결과가 무엇인지 명확하게 표시할 수 있다.
2. 동일한 조건에서 대량으로 반복 테스트를 할 수 있다.
3. 반복 테스트 결과는 무작위 방식 또는 우발적인 방식으로 나타난다.

실제로 18세기 이후 많은 수학자가 동전을 던져 앞면과 뒷면이 나타나는 확률에 대한 테스트를 하였습니다. 이 테스트 과정은 매우 간단합니다. 동전을 던져서 나타난 상황을 기록하면 됩니다.

[표 9-1] 동전을 던졌을 때의 결과 기록

실험자	동전을 던진 횟수	앞면이 나타난 횟수	뒷면이 나타난 횟수
드 모르간(De Morgan)	4,092	2,048	2,044
뷔퐁(Buffon)	4,040	2,048	1,992
펠러(Feller)	10,000	4,979	5,021
피어슨(Pearson)	24,000	12,012	11,988
로마노프스키	80,640	39,699	40,941

동전을 던지면 50% 확률로 앞면이 나타난다는 것을 알고 있습니다.
이 테스트에서 진리를 검증하려는 위대한 수학자들과 그들의 탐구 정신을 기억해야 합니다.

무작위 사건

무작위 사건은 무작위 테스트에서 발생하거나 발생하지 않을 수 있지만, 대량의 반복 테스트에서 어떤 규칙성을 가지고 있는 사건을 말합니다. 무작위 사건을 간략하게 사건이라고도 합니다.

예를 들어 아래와 같은 객관식 선택 문제를 살펴봅시다.
객관식 선택 문제(4가지 선택 사항 중에서 맞는 것을 고르시오)

아래에서 그래픽 문제에 해당하는 것은? (   )
  A. 이미지 분할
  B. 텍스처 생성
  C. 영상 분석
  D. 물체 추적

지호는 이 문제의 정답을 모르지만, 이 문제가 객관식 선택 문제라는 것과 정답은 하나밖에 없다는 것을 알고 있습니다. 그래서 지호는 이 네 개의 답안 중에서 무작위로 하나를 선택하기로 결정하고, 무작위로 A를 선택하였습니다. 이 문제는 객관식 선택 문제이므로 만약 정답이 A라면 지호는 정답을 맞추게 됩니다. 만약 정답이 B, C, D 중 하나라면 지호는 틀리게 됩니다.

여기서 '지호'와 '문제'는 무작위 테스트의 구성 요소이며, 무작위 사건을 구성하는 필수 요소입니다. 이런 식으로 '지호가 정답을 맞췄다'와 '지호가 문제를 틀렸다'라는 두 개의 상황이 모두 가능하므로,

이 둘은 서로 다른 무작위 사건이 됩니다.

　주사위 던지기를 예로 들어 보겠습니다. 주사위를 바닥에 던졌을 때, 주사위는 6개의 면이 있으며 각 면은 모두 위를 향할 수 있습니다. 이 무작위 테스트에서 '지호'와 '주사위'는 모두 무작위 사건을 구성하는 요소입니다. 지호의 경우 '1', '2', '3', '4', '5', '6'의 주사위 면이 위로 향하는 것은 모두 가능한 무작위 사건입니다.

　또 예를 들어 보면, '지호'와 '민서'가 토요일 9시에 학교 정문에서 만나기로 했습니다. '지호'는 9시에 도착했지만 '민서'는 도착하지 않았습니다. 이때 '지호가 약속을 지키지 않는 것'과 '민서가 약속을 지키지 않는 것'은 두 개의 무작위 사건입니다.

　무작위 사건의 발생 가능성이 0이 될 수도 있습니다. 예를 들어 '민서가 9시 전에 일찍 도착하는 것'은 발생할 수 없지만, 여전히 무작위 사건입니다. 이러한 사건을 불가능 사건이라고 합니다. 무작위 사건의 발생 가능성이 1이 될 수도 있습니다. 예를 들어 '민서가 늦게 도착하는 것'은 발생 확률이 1인 사건입니다. 이러한 사건을 필연 사건이라고 합니다.

예제

다음 문장을 생각해 봅시다. '길을 걷다'는 사건인가? '수영하다'는 사건인가? '내가 길을 걷는다'는 사건인가? 이유는 무엇일까요?

브레인톡 : '길을 걷다', '수영하다'는 무작위 사건의 요소이므로 사건(무작위 사건)이 아닙니다. 상대적으로 '내가 길을 걷는다'는 두 가지 가능성이 있으므로 사건입니다. 내가 길을 걷고 있을 수도 있고, 길을 걷지 않을 수도 있습니다.

1. 지호가 주사위를 던져서 숫자 '7'이 위로 향하는 것은 사건인가요?
   '위로 향하는 숫자 < 7'은 사건인가요? 이유는 무엇인가요?
   정답 : 모두 사건입니다.
   　　　　 가능성이 0/1인 사건은 사건에 속합니다.
2. 일상생활에서 사건을 예로 들고, 그 사건이 발생할 수 있는 이유를 설명하시오.
3. 일상생활에서 사건이 아닌 명사를 예로 들고, 사건이 아닌 이유를 설명하시오.

확률

앞에서 무작위 사건을 학습하였으므로 확률의 개념을 더욱 쉽게 이해할 수 있습니다.

확률이란 무작위 사건이 발생할 가능성의 크기를 나타냅니다.

이 절에서 논의할 사건의 확률은 모두 고정되어 있습니다.

0	1

무작위 사건의 확률을 범위는 [0, 1]입니다. 확률이 0이면 사건이 발생할 가능성이 0이며, 불가능한 사건을 의미합니다. 예를 들어 '민서'가 아파서 집에서 쉬어야 한다는 소식을 '지호'가 알았다면, '민서'가 내일 학교에 나올 확률은 0이며, 이는 불가능한 사건입니다. 확률이 1

이면 사건이 반드시 발생한다는 것을 의미합니다. 즉 이 사건은 필연적인 사건입니다. 예를 들어 '지호'가 객관식 선택 문제를 푸는 과정에서 '지호가 문제를 맞추다' 또는 '지호가 문제를 틀리다'의 확률은 1입니다. '지호'가 문제를 푼 결과는 맞추거나 틀리거나, 이 두 가지 외 다른 상황은 존재하지 않습니다.

무작위 사건의 확률이 높을수록 발생할 가능성이 높고, 확률이 낮을수록 발생할 가능성이 낮습니다. '지호'는 보석 주머니를 가지고 있는데, 보석 주머니 안에는 빨간색 보석 5개, 파란색 보석 2개, 초록색 보석 3개 등 모두 10개의 보석이 들어 있다고 가정해 봅시다. '지호'가 보석 주머니에서 무작위로 보석 하나를 꺼낼 때, 각 색상의 보석을 꺼낼 확률은 [표 9-2]와 같습니다.

[표 9-2] 각 색상의 보석을 꺼낼 확률

보석의 색상			
색상	빨간색	파란색	초록색
확률	0.5	0.2	0.3

이 중에서 빨간색 보석을 꺼낼 확률이 다른 색상의 보석을 꺼낼 확률보다 크므로 '지호'는 빨간색 보석을 꺼낼 가능성이 가장 높습니다.

예제

1. '지호'에게 100개의 보석이 들어 있는 주머니가 있습니다. 주머니 안에는 검은색 보석 1개, 파란색 보석 1개, 초록색 보석 1개, 보라색 보석 1개, 노란색 보석 1개와 빨간색 보석 95개가 들어 있습니다. '지호'가 무작위로 보석을 꺼낼 경우, 각 색상의 보석을 꺼낼 확률은 아래와 같습니다.

보석의 색상

색상	검은색	하늘색	초록색	보라색	노란색	빨간색
확률	0.01	0.01	0.01	0.01	0.01	0.95

'지호'가 주머니에서 무작위로 보석 1개를 꺼낸다면, 어떤 색상의 보석을 꺼내게 될 가능성이 있을까요? 그 이유는 무엇인가요?

 : 주머니 속에 빨간색 보석이 가장 많으므로 빨간색 보석을 꺼낼 확률이 가장 높습니다.

2. 예제 1에서 '지호'는 반드시 빨간색 보석을 꺼내게 될까요? 이유는 무엇인가요?

 : 빨간색 보석을 꺼낼 가능성이 가장 크지만, 빨간색 보석을 꺼내는 확률이 1이 아니므로 다른 색상의 보석을 꺼낼 수도 있습니다.

연습

주사위를 던지는 사건 A, B, C 중:

A: '1'면이 위로 향하는 경우

B: '2' 또는 '3'면이 위로 향하는 경우

C: '4' 또는 '5' 또는 '6'면이 위로 향하는 경우

위 A, B, C 사건이 발생할 확률은 다음과 같습니다.

사건의 확률

사건	A	B	C
확률	1/2	1/3	1/2

반복적으로 주사위를 던졌을 때 A, B, C가 나타난 횟수를 기록하시오.

사건의 발생 횟수

	A	B	C
10번 던질 때	A	B	C
50번 던질 때	A	B	C
200번 던질 때	A	B	C

확률이 클수록 발생할 수 있는 가능성이 높다는 규칙에 따라 가장 많이 발생하게 될 사건은: _____

생각과 토론

위 연습에서 테스트를 기록한 결과와 이론적으로 분석한 결과가 일치하는가요? 통계 결과를 분석하시오.

정답은 하나만이 아닙니다. (실험 결과에 따라 달라진다)

확률이 크다는 것은 발생할 가능성이 높다는 것을 의미하지만, 가장 많이 발생한다는 것을 의미하지 않습니다.

확률 예측

앞 절에서 확률이란 사건이 발생할 가능성이라는 것을 학습하였습니다. 사건이 발생할 확률은 알게 되면 사건이 발생할 가능성이 얼마나 되는지 알 수 있습니다. 지금까지 학습했던 확률은 모두 정해져 있는 숫자였습니다. 이러한 숫자를 어떻게 계산했는지 생각해 본 적이 있는가요?

무작위 테스트에서는 관찰 결과에 기반한 통계로 확률을 추정합니다.
확률 = 사건 발생 횟수/테스트 총횟수

위와 같은 계산 방법은 무작위 사건이 테스트에서 발생하는 빈도를 뜻합니다. 확률과는 다르지만, 무작위 사건의 테스트 횟수가 충분히 많으면 사건 발생 빈도는 사건 발생 확률에 근접하게 됩니다.

간단히 말하면, 통계 횟수가 충분하면 사건 발생 횟수가 발생 가능성을 나타내므로 사건 확률은 전체 횟수에서 사건 발생 횟수가 차지하는 비율로 예측할 수 있습니다. [그림 9-3]에서 실시한 12번의 실험(12번이 충분하다고 가정)에서 사건이 6번 발생하였으므로 확률을 산출하면 1/2이 됩니다.

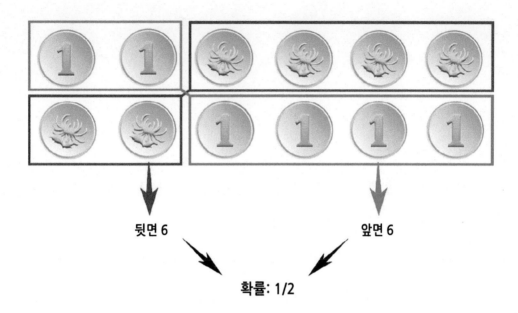

 뒷면 6
 앞면 6

확률: 1/2

[그림 9-3] 동전 던지는 실험 예시(12번)

예제

동일한 동전 3개를 연속으로 던지면, 테이블 위의 동전은 몇 가지 형태로 나타날 수 있을까요?

브레인톡 : 모든 동전은 앞면 또는 뒷면이 위로 향하게 됩니다. 즉 동전은 두 가지 형태로 나타납니다. 3개의 동전이 모두 똑같아서 최종 결과는 동전의 앞면과 뒷면이 나타나는 순서와 관련이 없습니다.

브레인톡 : 나타날 수 있는 형태는 뒷면 3개, 뒷면 2개와 앞면 1개, 뒷면 1개와 앞면 2개, 앞면 3개.

연습

6면 주사위를 20번 던졌을 경우, 아래와 같은 사건이 발생하게 될 확률을 계산하시오.

사건 1	1이 위로 향한다	
사건 2	짝수가 위로 향한다	
사건 3	5 또는 6이 위로 향한다	
사건 4	6보다 작은 수가 위로 향한다	

생각과 토론

1. 여러분도 주사위를 던져, 결과를 산출하고 같은지 비교하시오.

   (서로 다를 수도 있지만, 오차가 크면 안 된다)

2. 실제 사건 확률은 아래와 같습니다.

사건 1	1/6
사건 2	1/2
사건 3	1/3
사건 4	5/6

결과가 같은가요? 그 이유는 무엇인가요?

정답 : 같지 않습니다. 실험 횟수가 충분하지 않기 때문입니다.

여기서 주의해야 할 점은 테스트 횟수가 많지 않는 경우에 이러한 예측 방법을 사용하면 확률값에 근접하는 결과를 얻기 어렵습니다. 사건 발생 횟수가 실제로 발생하는 가능성을 완벽하게 보여 주지 못하기 때문입니다. 예측값은 실제 확률에 근접한 값이며, 관찰이 많을수록 정확합니다.

[그림 9-4]를 예로 들면, 8번의 실험(실험 횟수가 충분하지 않음)으로 사건 발생 확률을 산출하면 3/4이 나옵니다. 이는 실제 확률 1/2과는 차이가 많습니다.

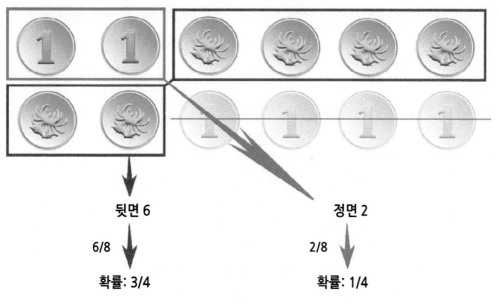

뒷면 6

6/8

확률: 3/4

정면 2

2/8

확률: 1/4

[그림 9-4] 동전 던지기 실험 예시(8번)

단원 정리

이 절에서는 확률의 무작위 테스트와 무작위 사건을 학습하고, 확률 가능성을 설명하는 과정을 체험하였습니다.

확률이 높을수록, 사건이 발생할 가능성은 커집니다. 확률의 최댓값은 1(반드시 발생)이며, 최솟값은 0(발생하지 않음)입니다. 확률은 반복적인 무작위 테스트를 통해 예측할 수 있으며, 무작위 테스트 횟수가 많을수록 예측 확률은 실제값에 가까워집니다.

[자체 평가]

학습 내용	학습 평가		
확률의 정의	☐ 매우 우수	☐ 우수	☐ 보통
사건의 개념	☐ 매우 우수	☐ 우수	☐ 보통
확률과 사건의 관계	☐ 매우 우수	☐ 우수	☐ 보통
확률의 예측	☐ 매우 우수	☐ 우수	☐ 보통

9.3 수학적 기댓값

지금까지 사건이 발생의 가능성에 대한 설명을 통해 확률의 의미를 학습하였습니다. 이 절에서는 특수한 사건과 그 확률에 대해 학습하고 중요한 개념인 수학적 기댓값을 소개합니다.

앞 절에서는 수백 번의 주사위 실험을 하였습니다. 주사위를 공중에
던질 때마다 어떤 숫자가 위로 향할지 추측해 본 적이 있는가요?

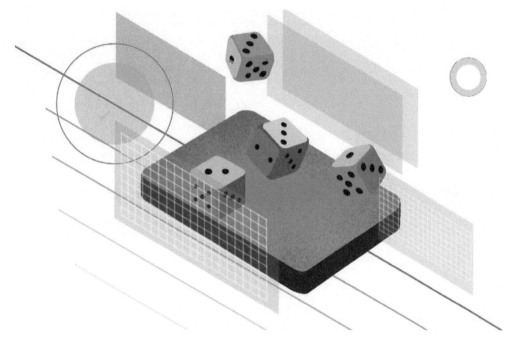

[그림 9-5] 무작위 사건 – 주사위 던지기

만약 이렇게 생각한 적이 있다면 수학적 기댓값의 존재를 의식했다
는 뜻입니다.

수학적 기댓값이란 무작위 변수의 발생 가능한 모든 값에 발생 확
률을 곱한 것입니다. 이름에서 알 수 있듯이 다음 테스트에서 무작위
변수가 나타날 것으로 기대하는 값입니다.

수학적 기댓값을 자세히 설명하기 전에 먼저 '무작위 변수'의 개념
에 대해 알아보겠습니다.

무작위 변수

　무작위 변수란 무작위 테스트의 다양한 결과에 대한 함수입니다.

　예를 들어 주사위를 던져 위로 향하는 면의 숫자가 무작위 변수이며, 주사위 던지기 테스트의 결과 함수입니다. 주사위를 던지기 전에는 어떠한 숫자가 나올지 알 수 없지만, 앞 절의 학습에서 위로 향하는 숫자는 1~6 중 하나이며, 1~6 숫자 중 임의의 숫자가 나올 확률은 1/6이라는 것을 알 수 있습니다.

　다른 예를 들면, '오늘 비가 내릴까요?'라는 질문에 대한 답도 무작위 변수로 추상화할 수 있습니다. 즉 '비가 내릴 것이다'를 1로 표시하고, '비가 내리지 않을 것이다'를 0으로 표시할 수 있습니다. 일기예보에서 오늘 비가 내릴 확률이 20%라고 하였다면, 비가 내리지 않을 확률(값 0)이 크지만, 비가 내릴 가능성(값 1)도 존재합니다. 비가 내리기 전까지 값이 1인지 0인지 판단할 수 없지만, 1이 나타날 확률이 0.2이고, 0이 나타날 확률이 0.8이라는 것을 알 수 있습니다.

　무작위 변수는 불연속 무작위 변수와 연속 무작위 변수의 두 가지 유형으로 나눌 수 있습니다.

　불연속 무작위 변수는 특정 구간에서 제한된 값을 갖거나, 하나하나 늘어놓을 수 있는 값을 갖는 무작위 변수입니다.

　예를 들어 '주사기 던지기'와 '비가 내릴까'와 같은 문제의 답은 모두 불연속 무작위 변수입니다. 주사위 던지기 문제에서 가능한 값은 1, 2, 3, 4, 5, 6이며, '비가 내릴까요' 문제에서 가능한 값은 1, 0입니다.

[그림 9-6] 비가 내릴 확률

연속 무작위 변수란 특정 구간에서 변숫값이 무한하거나 하나하나 늘어놓을 수 없는 값을 갖는 무작위 변수를 말합니다. 예를 들어 '지호'의 스마트폰가 갑자기 배터리 충전 부족으로 꺼졌습니다. 그는 급한 마음에 바로 충전하였습니다. '지호'는 자신의 스마트폰 배터리가 5% 충전되어야 다시 스마트폰을 켤 수 있다는 것을 알고, 자신의 스마트폰이 지금 어느 정도 충전되었는지 추측하기 시작했습니다. '지호'의 스마트폰 배터리 충전량(%)은 연속 무작위 변수이며, 그 값은 [0, 5) 중 임의의 숫자가 될 수 있습니다. 예를 들면 3.78348238478…과 같은 연속된 숫자가 될 수 있습니다. 이 숫자는 무한하므로 배터리 충전량 값을 하나하나 늘어놓을 수 없습니다.

[그림 9-7] 휴대전화 배터리 충전량

예제

'지호'가 동전 한 개를 던질 경우 무작위 변수는 무엇인가요? 세 개의 변수를 열거하시오.

 : 이 무작위 테스트에서 변수는 동전 앞면이 나타나는 값과 뒷면이 나타나는 값, 그리고 동전을 던져서 떨어질 때까지의 시간입니다.

생각과 토론

일상생활에서 무작위 변수를 생각해 보고, 불연속 무작위 변수인지, 연속 무작위 변수인지 말하시오. 또 그 이유를 설명하시오.

수학적 기댓값의 계산

수학적 기댓값(또는 평균값, 줄여서 기댓값)은 무작위 변수가 발생할 수 있는 모든 결과에 대해 각 결과가 발생할 수 있는 확률을 곱한 다음, 이를 더한 합계입니다.

무작위 변수 x가 발생할 수 있는 모든 값, x_1, x_2, x_3, ⋯ 와 각 값에 대응하는 확률, p_1, p_2, p_3, ⋯ 을 알고 있다고 가정하면,

수학적 기댓값 E는 아래 공식을 사용하여 계산할 수 있습니다.

$E = x_1p_1 + x_2p_2 + x_3p_3 + ⋯$

수학적 기댓값이 변숫값에 대한 '기대'를 나타내는 이유는 무엇일까요?

먼저, 어떻게 마음속으로 '기대'를 계산할까요? 확률의 정의에 따르면, 발생 확률이 높을수록 가장 많이 발생하므로(주의: 반드시 그렇지는 않음) 확률이 높은 값의 기대에 미치는 영향을 더 고려합니다.

수학적 기댓값을 계산하는 과정은 이런 생각을 잘 나타냅니다. 수학적 기댓값은 각 변숫값의 투표 결과로 볼 수 있습니다. 수학적 기댓값을 공식에 근거하여 산출하면, 각각의 가능한 값에 그 값의 확률을 곱한 다음, 이를 더하여 구합니다. 이 과정은 투표하는 것과 비슷합니다. 투표권을 많이 가진 사람이 투표 결과에 미치는 영향이 더 큰 것처럼 발생 확률이 높을수록 결과에 미치는 영향이 더 커집니다.

[그림 9-8] 수학적 기댓값과 투표

수학적 기댓값이 '기대'를 가장 잘 나타내지 못할 수도 있지만, 좋은 방법임은 분명합니다. 수학적 기댓값이 합리적인 모의 실험(simulation)이라는 것을 부정할 수 없습니다. 수학적 기댓값은 이미 경제, 통계, 컴퓨터 등 많은 분야에서 그 가치를 보여 주고 있습니다.

예제

'민서'는 앞면이 숫자 1, 뒷면이 숫자 2인 동전 던지기 테스트를 하였습니다. 숫자 1이 위로 향할 확률은 0.4이고, 숫자 2가 위로 향할 확률은 0.6입니다. 이 동전을 던졌을 때, 위로 향할 숫자의 수학적 기댓값을 구하시오.

$$x1 = 1, \ x2 = 2$$
$$p1 = 0.4, \ p2 = 0.6$$
$$E = x1p1 + x2p2$$
$$= 1*0.4 + 2*0.6$$
$$= 1.6$$

> **연습**
>
> 앞 예제의 공식으로 무작위 변수의 수학적 기댓값을 계산할 수 있습니다. 이를 참고하여 앞 절의 '비가 내릴까' 문제를 되돌아봅시다. 사건이 1인 확률은 0.2이고, 0인 확률은 0.8입니다.
>
> $x_1 = 1$, $x_2 = 0$
> $p_1 = 0.2$, $p_2 = 0.8$
> $E = x_1 p_1 + x_2 p_2$
> $= 1*0.2 + 0*0.8$
> $= 0.2$

수학적 기댓값은 수학적으로 계산한 기대값으로 사람의 기댓값은 아닙니다. '오늘 비가 내릴까?'라는 질문에 대한 답을 예측할 때, 1 또는 0의 두 가지 답을 제시할 수 있습니다. 하지만 수학적으로 기댓값은 0.2이며, 실제값 중에서 하나를 선택할 필요는 없습니다. 즉 기댓값이 상식적인 '기대'와 반드시 같을 필요는 없으며, 기댓값은 결과와 같지 않을 수 있습니다. 기댓값은 변수 출력값의 평균이며, 기댓값이 변수의 출력값 집합에 반드시 포함되는 것은 아닙니다.

[그림 9-9] 수학적 기댓값과 사람의 '기대'

163

주사위를 던졌을 때, 위로 향하는 숫자가 나타낼 수 있는 값과 확률은 아래와 같습니다.

값	1	2	3	4	5	6
확률	1/6	1/6	1/6	1/6	1/6	1/6

수학적 기댓값 계산: _____

정답 : 3.5

수학적 기댓값의 추정

위의 수학적 기댓값 계산 방법은 직관적이지만, 현실 생활에서는 이러한 방법으로 기댓값을 계산하지 않습니다. 왜냐하면, 많은 복잡한 문제의 경우 무작위 변수의 값이나 확률을 알 수 없기 때문입니다.

예를 들어 평평하지 않은 주사위를 던졌을 경우 매번 위로 향하는 숫자의 확률은 각각 다르며 예측할 수 없습니다.

값	1	2	3	4	5	6
확률	?	?	?	?	?	?

이런 경우에는 수학적 기댓값의 공식은 전혀 사용할 수 없습니다. 예측 방법을 사용하여 수학적 기댓값을 구해야 합니다.

무작위 변수에 대해 반복적으로 테스트하고, 매번 나타나는 값을 $x'_1, x'_2, x'_3, \cdots x'_n$과 같이 테스트 횟수 n으로 기록합니다.

수학적 기댓값 예측 $E' = (x'_1 + x'_2 + \cdots + x'_n)/n$

만약 통계 변수의 각각의 값이 $x_1, x_2, x_3, \cdots$이고, n번의 테스트에서 나타나는 횟수가 $c_1, c_2, c_3, \cdots$ 이라면, 이 공식은 $E' = (x_1c_1 + x_2c_2 + x_3c_3 + \cdots)/n = x_1c_1/n + x_2c_2/n + x_3c_3/n + \cdots$라고 다시 작성할 수 있습니다.

n이 클수록, $c_1/n, c_2/n, c_3/n, \cdots$는 $p_1, p_2, p_3 \cdots$에 더 근접합니다. 즉 E'는 $x_1p_1 + x_2p_2 + x_3p_3 + \cdots = E$에 더 근접하게 됩니다.

연습

주사위를 여러 차례 던진 다음, 예측 방법을 사용하여 기댓값을 계산하시오.

주사위를 던진 횟수 n	10	20	30
E'			

앞 절에서 공식을 사용하여 계산한 E와 비교하면 어떤 결론을 얻을 수 있을까요?

 : 주사위를 던진 횟수가 많을 수록, E'는 E에 더 근접합니다.

단원 정리

무작위 사건으로 확률을 설명하는 것처럼 수학적 기댓값도 무작위 변수의 평균값의 속성을 설명합니다. 무작위 변수는 각각 범위를 정할 수 있는 불연속 무작위 변수와 범위를 정할 수 없는 연속 무작위 변수, 두 가지로 구분할 수 있습니다. 기댓값의 계산은 모든 무작위 변수의 값이 발생하는 확률의 가중 평균입니다. 또한, 수학적 기댓값은 무작위 테스트로 예측할 수 있으며, 테스트의 횟수가 많을수록 계산 결과가 정확해집니다.

[자체 평가]

학습 내용	학습 평가		
무작위 변수의 개념	☐ 매우 우수	☐ 우수	☐ 보통
불연속 무작위 변수	☐ 매우 우수	☐ 우수	☐ 보통
연속 무작위 변수	☐ 매우 우수	☐ 우수	☐ 보통
수학적 기댓값의 계산	☐ 매우 우수	☐ 우수	☐ 보통
수학적 기댓값의 예측	☐ 매우 우수	☐ 우수	☐ 보통

9.4 보석 수집의 의사 결정 알고리즘

보석 수집 미로에서 각 보석의 가치 분포는 보석 가치에 대한 수학적 기댓값을 나타내는 a로 표시할 수 있습니다. '지호'는 10,000회의 보석 수집을 실행하여, 보석의 총 가치를 최대화하기로 결정했습니다.

보석 수집 – 초보 과정

　하지만 '지호'는 총 가치를 최대화하는 것이 거의 불가능하다는 것을 알게 되었습니다.

　수학적 기댓값의 정의를 기억하나요? 수학적으로 실행 횟수가 무한대에 가까울 때(10,000회를 무한대로 간주), 보석의 총 가치를 최대화할 수 있는 수집 방법은 매번 수학적 기댓값이 가장 큰 보석을 선택하는 것입니다. 하지만 '지호'는 수학적 기댓값의 분포는 알 수 없습니다.

　지호: "수학적 기댓값의 분포를 알 수 있다면 얼마나 좋을까!"

　진행자: "보아하니 초보자 같은데…. 알려줄게요!"

　이리하여 지호는 빨간색, 파란색, 초록색 보석의 분포가 각각 아래와 같다는 것을 알게 되었습니다.

- (수학적 기댓값 = 5)
- (수학적 기댓값 = 8)
- (수학적 기댓값 = 3)

예제

이제 '지호'가 보석 수집을 할 수 있도록 알고리즘을 작성해 봅시다!

 : 알고리즘의 매개변수는 history, max_iter,이고, 반환값은 "red"/"blue"/"green"이다.

프로그램 예:

```
def my_alg(history, max_iter):
    return "blue"
```

'지호'의 보석 수집 결과는: ＿＿＿＿＿＿ (답이 다를 수 있으며, 80,000에 근접하기를 기대합니다)

의사 결정의 두 단계: 탐색과 활용

'지호'는 아침에 일어나 보니 침대 옆에 수표가 있었습니다. 수표 금액은 그가 보석을 수집하여 얻은 수입과 정확하게 일치했습니다. 지호는 더욱 호기심이 생겼습니다. 다음 날 밤, 지호는 또 같은 꿈을 꾸었습니다. 진행자가 다시 지호 앞에 나타나 보석 수집을 권유했습니다.

지호: "수학적 기댓값을 알려주세요."

진행자: "이젠 초보자가 아니므로 알려줄 수 없어요."

'지호'는 절망했습니다. 하지만 의사 결정 문제를 해결할 방법이 없는 것은 아닙니다. 앞 절에서 작성한 알고리즘은 사실 부정한 의사 결정 알고리즘이었습니다. 실제로 의사 결정은 환경을 알 수 없는 상황에서 이루어지기 때문입니다.

우리가 살고 있는 세상을 생각해 보면, 대부분의 의사 결정 배경은 알 수 없습니다. 하지만 경험과 학습을 통해 의사 결정의 능력을 향상할 수 있습니다. 예를 들어 아침에 외출할 때 하늘에 먹구름이 많으면 경험에 따라 우산을 가져야 된다는 것을 알고 있습니다. 또 학교를 마치고 집으로 가는 길에 우연히 먼 길로 돌아가다가 커피숍을 보았다면, 다음에 커피를 마시고 싶으면 그 길로 갈 것입니다.

인간의 의사 결정의 과정을 종합해 보면 의사 결정은 탐색과 활용이라는 두 가지 단계가 있습니다.

탐색은 다른 동작을 선택하여 결과를 관찰하는 것을 통해 경험을 쌓는 것을 말합니다. 활용은 탐색하여 얻은 경험을 근거로 이익을 최대화하는 것입니다. 커피 마시는 경우를 예로 들면, 사람들은 집으로 가는 여러 가지 경로를 탐색하여 주변 지역에 관한 지식을 쌓아 자신의 생활을 유익하게 만듭니다.

가장 좋은 의사 결정 방법은 탐색과 활용의 균형을 맞추는 과정에서 생깁니다. 만약 한 학생이 하굣길에서 지나치게 탐색하면서 모든 길을 다 걸어보려고 한다면, 이전에 찾았던 커피숍으로 가는 기회를 잃을 수 있습니다. 또한, 친구가 길에서 편의점을 발견하고 매일 편의점에서 함께 커피를 사서 먹게 된다면 커피숍의 존재조차 모르게 됩니다. 의사 결정에서 탐색과 활용의 균형을 맞추는 것이 성공의 비결입니다.

보석 수집도 의사 결정 문제이므로 탐색과 활용의 균형적인 관점에서 생각해 볼 수 있습니다.

보석 수집에서 탐색과 활용을 모델링하는 방법을 생각해 봅시다.
한 가지 방법은 다음과 같습니다.
탐색 = 수학적 기댓값의 예측
활용 = 현재 수학적 기댓값이 가장 크다고 예측된 보석을 수집
(반드시 이러한 방법을 사용할 필요는 없으며, 다른 선택을 생각해 볼 수 있다)

오늘 저녁부터 '지호'의 초보자 수업은 이미 끝났고, 진행자는 이제 수학적 기댓값을 알려주지 않을 것입니다. 하지만 앞에서 학습한 내용을 되돌아보면, 스스로 수학적 기댓값을 예측할 수 있습니다. 보석을 수집할 때마다 그 가치는 사용하여 해당 색상 보석의 수학적 기댓값을 보다 정확하게 수정할 수 있습니다. 수집된 보석이 많을수록, 탐색을 많이 할수록 수학적 기댓값을 더욱 정확하게 예측할 수 있습니다. 세

가지 보석의 수학적 기댓값에 대한 현재의 경험에 따르면 수학적 기댓값이 가장 높은 보석이 가장 가치가 있는 보석입니다. 이에 대한 활용으로 이러한 보석을 가능한 한 많이 수집하여 보석의 총 가치를 최대화하는 것입니다.

연습

'지호'는 의사 결정의 두 단계인 탐색과 활용을 생각했습니다. 하지만 문제는 탐색과 활용의 균형을 맞추는 방법을 모릅니다. 어떤 알고리즘으로 이 문제를 해결할 수 있을까요?

 : 알고리즘의 매개변수는 history, max_iter이고, 반환값은 "red" /"blue"/"green" 입니다.

(개방형 문제)

결과는: _____

그리드 알고리즘과 실전

'지호'는 아침에 일어나서 침대 옆에 수표 한 장이 더 있는 것을 발견했습니다. 하지만 '지호'는 더 많은 보석을 수집하기 위해 스승을 찾아갔습니다.

지호: "스승님, 가르쳐 주세요."
스승: "그리드 알고리즘을 테스트해 보거라."

'지호'는 인터넷을 검색하여 그리드 알고리즘인 ε-greedy 방법이 탐색과 활용의 균형을 파악하는 간단한 해결 방법이라는 것을 알았습니다. 매회 알고리즘은 확률적으로 탐색 또는 활용을 선택하여 균형을 이룹니다.

[ε-greedy]

ε는 0, 1 사이의 숫자이고, 확률을 나타냅니다. 보석을 선택할 때마다 ε라는 확률로 탐색을 선택할 수 있고, $1-\varepsilon$라는 확률로 사용을 선택할 수 있습니다.

1. 탐색 선택: 확률 ε

   이미 알고 있는 기댓값이 가장 큰 보석을 선택하지 않고, 다른 두 가지 보석 중에서 하나를 무작위로 선택하여 기댓값을 수정합니다. 다른 보석을 테스트하게 되면 가치가 더 높은 보석을 찾을 수도 있습니다.

2. 활용 선택: 확률 $1-\varepsilon$

   이미 알고 있는 기댓값이 가장 큰 보석을 선택하여 최대 수익(예측을 근거로)을 확보합니다.

   세 번째 밤, 진행자는 또 꿈에서 나타났습니다.

예제

ε- greedy 알고리즘을 구현하여 오늘의 보석 수집 과제를 완성하시오.

브레인 톡 : 알고리즘의 매개변수는 history이고, 반환값은 "red"/"blue"/ "green"이다.

> **브레인 톡**: random.random() 함수를 사용하여 무작위로 0에서 1 사이의 숫자(부동소수점 포함)를 생성한 다음, 아래와 같은 구조를 사용할 수 있다.

```
if random.random() < p:
    event1
else:
    event2
```

event1가 실행될 확률은 p이고, event2가 실행될 확률은 1 - p입니다.

> **브레인 톡**: random.choice 함수를 사용하여 list에서 무작위로 요소를 추출할 수 있다.

> **브레인 톡**: remove 함수를 사용하여 list에서 한 개의 요소를 제거할 수 있다.

```
def my_alg(history, max_iter):
    eps = 0.01    # 0과 1 사이의 숫자
    exp_red =     # history를 근거하여 예측한 빨간색 보석의 기댓값
    exp_blue =    # history를 근거하여 예측한 파란색 보석의 기댓값
    exp_green =   # history를 근거하여 예측한 초록색 보석의 기댓값
    best_gem =      # ["red", "blue", "green"] 중에서 기댓값이
                      가장 높은 것
    remain_gem =    # ["red", "blue", "green"] 중에서 best_gem을
                      제거
    if(random.random() < eps):
        return remain_gem    # 임의의 하나
    else:
        return best_gem
```

ε를 조절하여 얻은 가장 좋은 결과: _____
이때의 ε: _____

그리드 알고리즘의 개선

'지호'는 잠에서 깨어났습니다. 그는 결과에 만족했습니다. 이전보다 가치가 더 높은 보석을 수집할 수 있었습니다. 하지만 '지호'는 좀 더 효율적으로 보석을 수집하고 싶었습니다.

그래서 '지호'는 다시 인터넷을 검색했습니다. ε-greedy보다 더 효율적인 알고리즘이 있을까요?

[개선된 ε-greedy]

ε는 0, 1 사이의 숫자이며 확률을 나타냅니다. 보석을 한 번 선택할 때마다 ε 확률로 탐색을 선택할 수 있고, $1-\varepsilon$ 확률로 활용을 선택할 수 있습니다. 조작을 실행한 후에, ε는 횟수가 많아질수록 감소합니다. ε는 처음 1부터 시작하여 모든 횟수가 끝날 때는 0으로 감소합니다.

1. 탐색 선택: 확률 ε

   이미 알고 있는 기대치가 가장 큰 보석을 선택하지 않고, 다른 두 가지 보석 중에서 무작위로 하나를 선택하여 기댓값을 수정합니다. 다른 보석들을 테스트하면 가치가 더 높은 보석을 찾을 수도 있습니다.

2. 활용 선택: 확률 $1-\varepsilon$

   이미 알고 있는 기대치가 가장 큰 보석을 선택하여 최대 수익(예측을 근거로)을 확보합니다.

예제

개선된 ε- greedy 알고리즘을 구현하여 실행한 다음, 전날의 보석 수집 알고리즘 실행 결과와 비교하시오.

 : 알고리즘의 매개변수는 history이고, 반환값은 "red"/"blue"/ "green"이다.

 : eps = 1.0 - len(history)/(max_iter - 1);

프로그램 예:

```
def my_alg(history):
    eps = 1.0 - len(history)/(max_iter - 1)
    exp_red =        # history를 근거로 예측한 빨간색 보석의 기댓값
    exp_blue =       # history를 근거로 예측한 파란색 보석의 기댓값
    exp_green =      # history를 근거로 예측한 초록색 보석의 기댓값
    best_gem =       # ["red", "blue", "green"] 중 기댓값이 가장 높은 것
    remuin_gem =     # ["red", "blue", "green"]에서 best_gem을 제거
    if(random.random() < eps):
        return remain_gem       # 임의의 하나
    else:
        return best_gem
```

오늘의 결과: _____

이전 방법을 사용한 결과: _____

생각과 토론

어느 알고리즘이 더 많은 보석을 수집할 수 있는가요? 그 이유는 무엇인가요?

참고 답안:

개선된 알고리즘이 더 많은 보석을 수집합니다.

게임 횟수가 적으면 수학적 기댓값의 예측이 정확하지 않으므로 현재의 경험을 적게 사용하고, 탐색을 통해 경험을 많이 쌓아야 합니다. 게임 횟수가 많으면 수학적 기댓값의 예측이 정확해집니다. 이때 다시 탐색하는 것은 가치가 크지 않으므로 현재의 경험을 많이 사용해야 합니다.

이동하는 보석 수집

6일째 날, '지호'의 꿈에는 한 사람이 더 나타났습니다. 진행자는 보석 수집의 규칙이 바뀌었다고 말했습니다. 게임의 플랫폼은 보석이 가득한 미로로 변했습니다.

두 참가자는 각각 지도의 왼쪽 상단과 오른쪽 하단에서 보석을 수집하기 시작했습니다. 매회 이동/수집이라는 두 가지 조작을 선택할 수 있으며, 누가 먼저 시작할지는 무작위로 정해집니다. 이동하는 방향도 무작위로 통제받지 않으며, 매회 발아래 보석이 있는지와 보석의 색상을 볼 수 있습니다. 참가자는 보석을 주워서 주머니에 넣습니다. 게임 횟수가 한도에 도달하거나, 미로에 보석이 없거나, 참가자가 규칙을 위반하면 게임은 종료됩니다.

진행자: "오직 보석 수집과 이동이라는 두 가지 조작만 실행할 수 있으며, 규칙을 위반하면 퇴장됩니다. 최종 승자는 보석 가치가 더 높은 사람이며, 패배한 사람은 나를 다시 볼 수 없을 것입니다."

보석 수집 미로는 보석 수집 문제에 '이동'이라는 개념을 추가하였습니다.

특정 보석의 가치가 낮다는 것을 이미 알고 있는 경우에는 '이동'을 사용하여 이 칸을 떠날 수 있습니다. 매번 하나의 조작만 실행할 수 있으므로 가치가 낮은 보석을 많이 줍는 것은 심각한 낭비가 될 수 있습니다. 하지만 '이동'이라는 행위는 보석 수집 지식의 성장을 방해할 수 있습니다. 참가자가 '이동'을 선택하면 참가자는 경험 쌓는 것을 포기하게 됩니다.

보석 수집 미로에서 승리하는 열쇠는 '이동'과 '보석 줍기'라는 두 동작의 균형을 맞추는 것입니다. '보석 줍기'로 경험을 쌓고 의사 결정을 최적화하는 동시에 현명하게 '이동'하여 가치가 낮은 보석을 건너뛰어야 합니다.

또한, 규칙을 위반하거나 보석을 다 줍게 되면 게임이 강제로 종료되므로 주의해야 합니다.

예제

알고리즘을 설계하여 '지호'가 상대를 이길 수 있도록 하시오.

 : 함수의 매개변수는 아래와 같다.

(1) history: 보석 수집 문제와 같이 (gem, price)의 list이다.
(2) gem_count: 미로에 남은 보석 수량
(3) remain_round: 게임 종료까지 남은 횟수
(4) max_round: 게임의 총횟수
(5) content: 현재 칸에서 볼 수 있는 내용, "road"/"red"/"blue"/"green"일 수 있다.

브레인톡 : 현장 상황에 따라 전략을 선택할 수 있다. 예를 들어 gem이 하나만 남아 있을 때는 줍기를 선택해야 하고, 그 외 경우에는 그리드 알고리즘으로 주워야 할지 선택해야 한다.

브레인톡 : 모든 것이 가능하다.

프로그램 예 1:

```
def alg_1(history, gem_count, remain_round, max_round, content):
    if content == 'blue':
        return 'collect'
    else:
        return 'move'
```

프로그램 예 2:

```
def alg_2(history, gem_count, remain_round, max_round, content):
    if content == 'road':
        return 'move'
    else:
        return 'collect'
```

알고리즘과 게임 대결

자신의 알고리즘을 사용하여 다른 친구들과 순위 경기를 해보시오.

단원 정리

보석 수집 게임의 본질은 탐색과 활용의 균형적인 관계입니다. 즉 탐색은 과감하게 시도하여 알려지지 않은 선택을 테스트하고 경험을 쌓는 것입니다. 활용은 현재의 경험을 근거로 가장 높은 수익을 찾는 행위로서 반복적으로 실행합니다.

수학적 기댓값과 보석 수집의 관계를 학습하고, 알고리즘을 작성하여 보석 문제를 해결하는 방법과 고급 알고리즘인 그리드 알고리즘을 배웠습니다. 마지막으로 보석 미로에서는 이 장에서 학습한 지식을 실행해 보았습니다.

[자체 평가]

학습 내용	학습 평가		
보석 수집과 기댓값의 관계	☐ 매우 우수	☐ 우수	☐ 보통
의사 결정의 2단계: 탐색과 활용	☐ 매우 우수	☐ 우수	☐ 보통
그리드 알고리즘	☐ 매우 우수	☐ 우수	☐ 보통
개선된 그리드 알고리즘	☐ 매우 우수	☐ 우수	☐ 보통

이 장의 요약

　이 장에서는 보석 수집 문제로 의사 결정의 초보적인 개념을 이해하고, 컴퓨터가 인간과 마찬가지로 경험으로 문제를 해결할 수 있다는 것을 알게 되었습니다.

　탐색과 활용의 문제로 보석 수집을 모델링하고, 알고리즘을 작성하여 수학적 기댓값의 예측과 더 높은 가치의 수요의 균형을 맞추었습니다. 또한, 복잡한 보석 미로에서 배운 지식을 응용해 보았습니다.

　현실 생활에서는 더욱 복잡한 의사 결정 문제가 발생하지만 두려워할 필요는 없습니다. 결국 이러한 문제의 본질은 보석 수집 문제와 비슷하기 때문입니다.

CODING TEST NOTE

File Name: _____

1					
2					
3					
4					
5					
6					
7					
8					
9					
0					
1					
2					
3					
4					
5					
6					
7					
8					
9					
0					
1					
2					
3					
4					
5					
6					
7					
8					
9					
0					

CODING TEST NOTE

File Name: _____

1					
2					
3					
4					
5					
6					
7					
8					
9					
0					
1					
2					
3					
4					
5					
6					
7					
8					
9					
0					
1					
2					
3					
4					
5					
6					
7					
8					
9					
0					

중·고등학생을 위한
인공지능
교과서 2

| 2020년 11월 30일 | 1판 | 1쇄 | 발 행 |
| 2024년 8월 1일 | 1판 | 2쇄 | 발 행 |

책임편집 : 천위쿤(陈玉琨)

옮 긴 이 : 사이언스주니어인공지능연구회

펴 낸 이 : 박 정 태

펴 낸 곳 : **광 문 각**

10881
파주시 파주출판문화도시 광인사길 161
광문각 B/D 4층
등   록 : 1991. 5. 31 제12 - 484호
전 화(代): 031-955-8787
팩   스 : 031-955-3730
E - mail : kwangmk7@hanmail.net
홈페이지 : www.kwangmoonkag.co.kr

ISBN : 978-89-7093-405-1 93000

값 : 16,000원

한국과학기술출판협회
Korean Science & Technology Publisher Association